COLABORACIÓN Y OPOSICIÓN: LA NEGOCIACIÓN DE LA ÉLITE LOCAL EN LA TRANSICIÓN

COLABORACIÓN Y OPOSICIÓN: LA NEGOCIACIÓN DE LA ÉLITE LOCAL EN LA TRANSICIÓN

Francisco Collado Campaña
Málaga (España), 2014

A José Francisco Jiménez, quien me inició en la élite y el liderazgo

A mi familia que me ha apoyado en este proyecto

A Anabel por el tiempo robado y su comprensión

ÍNDICE

INTRODUCCIÓN: LAS ÉLITES LOCALES COMO OBJETO DE ESTUDIO

a) Planteamiento del problema y pregunta de investigación:

La transición política hacia la democracia ha sido estudiada por la política comparada y la macro-política. Así, son numerosos los trabajos que establecen requisitos, condiciones necesarias y secuencias en las distintas regiones y Estados que en los últimos cincuenta años han abandonado un sistema autoritario para avanzar hacia uno democrático (Brownlee, 2011; Cappocia y Zibblat, Colomer, 2011; Linz, 1990; Rustow, 1970). No obstante, en España existe un vacío sobre el estudio de determinados actores y su comportamiento en el tránsito hacia la democracia, especialmente en contextos concretos como el nivel local. No sólo es necesario describir a esos actores y sus actitudes, sino también interpretar y comprender sus estrategias en el nuevo escenario democrático.

Los historiadores han abordado especialmente el papel que las élites franquistas y que los partidos políticos en la oposición jugaron para asentar el camino hacia la democracia[1] (Arcas, 2004; García, 1999; Nouschi, 1996; Payne, 2008; Tussel y Soto, 1996). En dicho relato se observa como el consenso de estos grupos, a través de la aprobación de la Constitución de 1978 y los Pactos de la Moncloa, sirvió como un mínimo común denominador para avanzar hacia un sistema liberal-democrático (Linz, 1997; Maravall, 1982;).

---

[1] Existe una abundante documentación que recoge fondos parlamentarios, diarios y cartas de importantes personalidades de la Transición. Entre los principales centros documentales se encuentran el fondo Gunther de la Fundación Juan March, la Fundación Transición Española, la Asociación para la Defensa de la Transición y la Fundación Pablo Iglesias.

La literatura de la transición democrática española parece dominada por el acuerdo entre las élites nacionales y los grandes liderazgos como Adolfo Suárez, Felipe González, Manuel Fraga y Santiago Carrillo, entre otros (Gunther, 1985; Linz, 1997; Maravall, 1982). Se produce un consenso entre historiadores y politólogos al reconocer la existencia de un determinado estilo de negociación y política de concertación entre las élites nacionales. En cambio, no existe una literatura amplia sobre cómo estos cambios políticos y legislativos, desarrollados desde el Gobierno Central eran adaptados por la élite en el entorno local (Boguslawa, 1999; Jérez, 1985; Márquez, 1981 y 1992).

Este estudio se centra en el análisis de las élites locales durante la Transición. Desde el mismo, se propone un análisis de la élite política, de ámbito local, durante un período en el que España abandonaba un régimen autoritario e instauraba un régimen democrático. Estamos ante un estudio del gobierno local urbano nacido de las elecciones municipales de 1979 y hasta 1983.

La transición local no fue un proceso de cambio sencillo, incluso se puede argumentar que fue tan problemático como en el nivel central, por los siguientes motivos:

- La falta de recursos económicos conjugada con la crisis económica de finales de los setenta derivada de la crisis del petróleo (Estefanía, 2007).

- Los ayuntamientos tan sólo tenían delimitadas sus competencias por el reciente texto constitucional de 1978. En muchas ocasiones, las corporaciones desconocían dónde empezaba y terminaba su labor. Además, el auge de las comunidades autónomas que adquirían funciones compartidas planteaba el riesgo de producir duplicidades[2] (De los Santos, 2002).

- La asunción de nuevas competencias por parte de la Constitución exigía de una actualización de las fuentes de financiación municipales. Lo que requería un cambio en la gestión de los gastos e ingresos públicos con respecto a la que había mantenido el franquismo.

- Los miembros de las corporaciones locales de la transición demandaban elecciones a concejales ante la falta de una legitimidad democrática denunciada por la sociedad civil (García, 1999).

- La propia composición de los miembros de las corporaciones locales cambió tras el final del franquismo, aumentando las diferencias de los mismos en características como género, edad, clase social, etc. (Márquez, 1992 y 1993).

- La mayoría de los partidos a excepción de UCD y PSOE no habían tenido tiempo suficiente de asentar los comités y la estructura local de sus respectivos partidos (Márquez, 1981).

La cuestión es, ¿por qué detenernos en la situación de los gobiernos y las élites municipales durante la Transición? Porque tanto en aquella etapa como en la actualidad, los ayuntamientos tuvieron que hacer frente a una crisis política y económica (Arcas, 2004; Cuenca, 1984), si bien motivadas por distintos factores. En el presente, los ayuntamientos están siendo unos de los grandes perjudicados por la crisis económica en España (descenso de ingresos públicos, recorte en personal, etc.) y durante la Transición, los municipios habían sufrido el expolio

---

[2] Al respecto, el texto de Bases de Régimen Local no llegaría hasta mediados de los ochenta.

del franquismo y eran víctimas de la crisis del petróleo de mediados de los setenta (Santamaría y Maravall, 1985). Esta investigación puede ofrecer propuestas a partir de las resoluciones que se adaptaron en la gestión local para hacer frente a los problemas económicos del pasado. Por otro lado, los primeros ayuntamientos democráticos tuvieron que resolver las demandas ciudadanas que no habían cubierto las últimas corporaciones franquistas, mientras que los actuales padecen una crisis de representatividad ante su incapacidad para mantener los servicios públicos que habían tenido hasta el momento. Por lo que, podemos observar cómo en el pasado se solucionó ese déficit de legitimidad que tenían los ayuntamientos procedentes de la dictadura.

Si en el pasado los ayuntamientos pudieron hacer frente al déficit democrático y a la penuria económica, las enseñanzas del pasado pueden aportar algo al presente. Por eso, consideramos interesante observar cómo se desarrollan las relaciones de negociación y de oposición entre los grupos municipales en las primeras corporaciones electas. Así como observar, si la socialización de la clase política influye en el estilo de política basado más en la oposición o en la negociación. Se considera que la capacidad de los agentes políticos por acordar los temas de la agenda es un elemento interesante desde el que observar si existía acuerdo o crispación en el ámbito nacional (Gunther et al., 2004)

En concreto, el interés del presente proyecto se fundamenta en las siguientes preguntas de investigación, ante la escasa literatura sobre élites locales en transiciones a la democracia y lo argumentos expuestos[3]:

---

[3] Caben citar algunos trabajos como los de Sjahrir y Farfán (2012) sobre la élite local en Indonesia basado en análisis econométricos y Hugues y James (2003) sobre la élite local en la transición rusa de 1989. Sin embargo, estos trabajos no aportan luz sobre nuestra cuestión bien por ser un estudio económico, o bien, por estudiar la transición de un sistema comunista a uno de los denominados "fiuhreista" (Brooker, 2000) y no a una

- ¿Cómo se configura la agenda política (issues) de las élites locales en el gobierno municipal?

- ¿Cómo son las relaciones que se producen entre los grupos municipales en el gobierno local y aquellos que se sitúan en la oposición?

- ¿Influye la negociación entre la élite política local (alcaldes y concejales) en la configuración de la agenda política, en los municipios urbanos españoles durante las primeras corporaciones democráticas (1979-1983)?

En síntesis, nuestro objetivo reside en interpretar las relaciones entre los grupos que componían la élite local española en las primeras corporaciones democráticas. Especialmente, en descubrir los procesos de composición y relación entre las élites locales en el ejercicio del poder municipal, sin haber tenido en la mayoría de sus protagonistas, una experiencia democrática previa. Éstos han sido analizados en el gobierno nacional, pero no el ámbito político local. Para ello, y delimitar el espacio de nuestro universo, este proyecto se enmarca en los municipios urbanos españoles en el período comprendido entre 1979 y 1983, correspondiendo con los últimos años de la Transición y las primeras corporaciones nacidas de las urnas.

b) Relevancia científica y social:

La literatura ha prestado especial atención a los actores y los procesos de negociación en la macropolítica y el nivel central de gobierno. El problema de las élites políticas del ámbito nacional y su comportamiento han sido ampliamente

---

democracia como es el caso español.

9

respondidos por diferentes trabajos. Así, se ha abordado la élite franquista por parte de Linz (1981, 1990 y 1996) y Jerez (1996), la élite burocrática (Beltrán, 1977), las élites parlamentarias por parte de Irene Delgado (1997), Coller (2008) y Uriarte (1997); y las relaciones entre élites políticas y funcionariales (Ochoa, 1996). Básicamente, porque la principal arena[4] de juego político estaba en el "policy-making" de la Transición (Constitución, Pactos de la Moncloa, etc.) y las bases del nuevo régimen democrático (Gunther, 1985). Sin embargo, esto ha dejado de lado al gobierno local que ha sido abordado por escasos autores que han trabajado profundamente la composición de esta élite (Márquez, 1981, 1992 y 1993).

En cuanto a la literatura española referente a élites y el liderazgo político locales, se han desarrollado algunos análisis empíricos. Al respecto, podemos citar los trabajos de algunos politólogos que han permitido dilucidar cómo evoluciona en casos concretos este grupo (Márquez, 1981, 1992, 1993 y 2010; y Natera, 1999). En cuanto a las élites durante la Transición, se puede afirmar un cierto vacío[5] teórico y empírico que ha sido cubierto por algunos estudios de casos realizados por politólogos y no pocas veces por historiadores (Maravall en Márquez, 1981). Hay que destacar la aportación de Márquez (1993) al estudiar las élites neocensitarias y la reproducción de los concejales franquistas en las candidaturas de distintos partidos políticos en democracia. En comparación, la academia portuguesa ha trabajado con más intensidad la élite local durante el proceso de "mudanza política" con interesantes estudios de casos (Baptista, 1979, Costa y Freire, 2003).

---

[4] Entendemos el concepto de "arena", como las distintas áreas temáticas en las que se relacionan y compiten los departamentos de la Administración y los grupos de actores de la sociedad civil (Richardson and Jordan, 1979).

[5] Por su parte, Guillermo Márquez Cruz, con quien se ha contactado en relación para este proyecto, sostiene que los únicos trabajos que se han llevado a cabo al respecto sobre las élites locales en la transición parten de sus investigaciones en Galicia y Andalucía y algunos estudios de caso realizados por historiadores en distintas localidades.

En los mismos, se observa cómo se renueva la composición de la élite en el entorno local. Por lo que, existe una preocupación desde la sociología política por observar los procesos de regeneración de los alcaldes y concejales.

¿Qué han aportado algunos estudios sobre transiciones políticas en relación a las élites? En los estudios en perspectiva comparada, se observa como las características de estatus social o de profesión han permitido la integración de un sujeto en la élite local, tanto en períodos de democracia como en dictaduras (Brooker, 2000). Por su parte, los análisis históricos desde el institucionalismo histórico no han profundizado en el papel que juegan los actores en el entorno municipal. Sin embargo, algunos autores de esta corriente han insistido recientemente en la necesidad de combinar datos macro con datos micro (Hall y Taylor, 1996). Por eso, esta investigación buscará explicar el funcionamiento de la élite local en un análisis micro y permitir su futura conexión con el entorno macro del Estado y las políticas de concertación que se dieron durante la transición democrática. Esta recomendación concuerda con la trayectoria iniciada por Gunther (1985) al estudiar las negociaciones de los temas de agenda que se producen durante la transición española entre los principales partidos en el ámbito nacional. En el mismo, efectúa un análisis de los éxitos políticos de estos acuerdos y de aquellas políticas que quedaron para su desarrollo en el largo plazo. Por lo que, resultaría interesante observar si estas dinámicas u otras similares se reproducen en el nivel de gobierno municipal y si existe una relación entre ellas. En otras palabras, si el estilo de negociación que se lleva a cabo en el ámbito nacional se reproduce o no en el entorno local.

De ahí que, el presente trabajo ahonde en estudiar el papel de la clase política local en la configuración de la agenda del gobierno municipal durante las primeras corporaciones democráticas. Para ello y delimitar el espacio del universo, este proyecto se enmarca en los municipios urbanos españoles en el período comprendido entre 1979-1983, correspondiendo con los últimos años de la Transición y las primeras corporaciones nacidas de las urnas fruto del consenso nacional.

c) Objetivos de la investigación:

Teniendo en cuenta, las distintas cuestiones tratadas hasta el momento vamos a asentar una serie de preguntas secundarias que pretendemos responder en este proyecto. Las preguntas secundarias en las que se desglosan las cuestiones generales que planteamos anteriormente son los siguientes:

- Contextualización histórico-política de la transición hacia la democracia y la misma etapa democrática en los municipios urbanos de España durante las primeras corporaciones municipales (1979-1983).
- Negociación de los grupos municipales: agenda y relaciones con la sociedad civil.
- ¿Cuál es el tipo de interrelación entre los grupos municipales y con qué actores de la sociedad civil participan en la configuración de dicha agenda?
- En los municipios gobernados por las élites venidas del franquismo, ¿se relacionan con actores de la sociedad civil cercanos a sus

planteamientos partidistas o se relacionan con todo tipo de actores sin tener en cuenta este criterio dando lugar a una coordinación positiva?

- En los municipios gobernados por las élites nacidas de la clandestinidad, ¿se relacionan con actores de la sociedad civil cercanos a sus planteamientos partidistas o se relacionan con todo tipo de actores sin tener en cuenta este criterio produciendo una coordinación positiva?

- ¿Cuál es la diferencia en la configuración de la agenda y las relaciones de gobierno entre los grupos municipales en los municipios gobernados por las élites locales procedentes del régimen franquista (UCD y AP) y los gestionados por las élites procedentes de la clandestinidad (PSOE, PCE, etc.)?

- Si la práctica de negociación en el nivel de gobierno nacional fue el "bargainning" (regateo) (Gunther, 1985; Scharpf, 1994), podemos presuponer que se continuó con esta tendencia en el entorno municipal. ¿Se reproduce este estilo de relación entre los grupos políticos en los gobiernos locales? ¿Por qué?

- ¿Los temas de la agenda de gobierno de los municipios gestionados son el resultado de una negociación multilateral (coordinación positiva en Scharpf) o de una negociación cerrada (coordinación negativa) de un único grupo político?

Ante la exposición de las anteriores preguntas, nos encontramos ante un estudio que intenta observar las dinámicas de negociación que se producen entre las élites locales y confirmar o rechazar si están relacionadas con la composición y socialización de los miembros de las mismas.

2. MARCO TEÓRICO: LA ÉLITE LOCAL EN EL AYUNTAMIENTO DEMOCRÁTICO

El presente proyecto se enmarca en una serie de enfoques y teorías para aproximarse a las élites locales en un contexto de transición democrática. Para empezar, nuestro interés no reside en establecer un vínculo entre la transición política y el comportamiento de las élites, sino más bien observar cómo actúan en una nueva arena política configurada por esa transformación institucional.

a) La política de concertación, acuerdo o marginación:

En la literatura existente sobre la transición política destaca el análisis de liderazgos (Linz, 1997) y de las negociaciones que se producen entre UCD, PSOE, PCE y los partidos nacionalistas para garantizar la gobernabilidad de la naciente democracia mediante la aprobación de la Constitución y los Pactos de la Moncloa (Colomer, 1994; Gunther, 1985; Maravall, 1982). En concreto, el trabajo de Gunther desgrana esta forma de negociar tendente al "bargainning" o regateo (Richardson y Jordan, 1979) y observa como fue una tendencia en la política nacional. Estas relaciones entre los partidos se produjeron mediante cesiones por parte de la mayoría de las fuerzas implicadas. Por ejemplo, el PCE renunció a la instauración de una república como forma de gobierno, pero la derecha procedente del régimen permitió el reconocimiento de los primeros como partido a pesar de las amenazas de los sectores del "búnker militar" (Gunther, 1985). Por otro lado, la UCD llegó a acuerdos en materia de política educativa con el PSOE. Mientras que este último renunció a sus postulados marxistas y se adaptó a la socialdemocracia.

Desde la perspectiva del neoinstitucionalismo de la elección racional, las instituciones condicionan las actuaciones de sus integrantes y limitan sus opciones (Peters, 2005: 49). Un determinado estilo de política (política del consenso vs. política de crispación) puede ser considerado como el resultado de una institución que son los mecanismos de coordinación. El efecto de estos mecanismos de coordinación establece límites a las acciones de los sujetos y para ser parte de dicha coordinación hay que aceptar unas normas. Esta política de consenso, entendida como resultado de una institución, se basaba en el "regateo" (Richardson y Jordan, 1979; Scharpf, 1994). Esta institución intentaba mantener la racionalidad de los agentes políticos para no caer en el "free-riding"[6]. Así, partimos de que desde las élites políticas de la transición española se desarrolló esta tendencia al consenso y la búsqueda de pactos para garantizar el éxito de la democracia y por tanto, la gobernabilidad. Esta política de concertación o acuerdo funcionaría como una serie de reglas no escritas con unos premios y unos castigos (Peters, 2005). Si los partidos cedían una de sus posturas ideológicas a cambio de lograr un consenso en otra materia y compartían las tareas de gobierno, sería posible asentar la democracia, que era el objetivo compartido por la mayoría. Siguiendo dicha lógica, aquellos que no cedieran desde sus posiciones partidistas serían marginados en el proceso constitucional, como les sucedió a Alianza Popular y el Partido Nacionalista Vasco (Estefanía, 2007; Gunther, 1996).

---

[6] En la perspectiva de nuestro estudio, el "free-riding" sería producido por aquellos sujetos que siendo parte de una institución, no contribuían a los fines de la misma y sin embargo, se beneficiaban de la pertenencia a la misma. En los casos estudiados de Ciudad Real y Cáceres, se observa como el grupo municipal de electores independientes eran parte de la corporación municipal, ostentando delegaciones locales, pero mostraban posiciones políticas de deslealtad democrática. Por ejemplo, posicionándose a favor del golpe de Estado del 23F y de los militares golpistas, o aportando "listas negras" de personas (algunos de ellos concejales, sindicalistas y miembros de los ayuntamientos) que debían ser ejecutadas una vez se hubiese derrocado la joven democracia española.

En un futuro proyecto, este enfoque puede ser completado con la propuesta de Panebianco (2009) quien distingue entre "arribistas" y "creyentes". El arribista representa aquel individuo que participa en el seno de un partido político atraído por los incentivos selectivos (cargos, recursos económicos, etc.) y que aporta el elemento estratégico al partido. Mientras que el creyente es el sujeto preocupado por los incentivos altruistas (pureza ideológica, lealtad, valores compartidos, hermandad, etc.) y que mantiene la cohesión del grupo político. Según Paneabianco, un partido deberá buscar siempre un equilibrio entre ambos tipos ideales de individuos para garantizar su funcionamiento interno. En este caso, los partidos de la Transición debían evitar que los creyentes mantuviesen un férreo control de las posturas ideológicas y de esa forma, permitir el diálogo entre las distintas partes de la arena política para alcanzar la democracia. Por el contrario, si el partido estaba demasiado ideologizado y no cedía a la negociación con otros, no tomaría parte en el "bargaining" y acabaría marginándose en el proceso político. Por eso, los partidos que rechazaron el texto constitucional por no adaptarse completamente a su modelo de Estado no formaron parte del "establishment" (Gunther, 1985).

Podemos afirmar que se producía una primera experiencia de práctica democrática a través del acuerdo que permitía evitar la "crispación" (Bernecker y Maihold, 2007: 395-396). De hecho, algunos autores señalan distintas épocas a lo largo de la democracia española y como dicho consenso se pierde en torno a 1982-1983, coincidiendo con el ascenso electoral del PSOE. Así, lo reconoce Gunther como experto en la democracia española "we can refer to this period as the politics of consensus, the policy-making environment that followed can be referred to as the politics of disensus" (Gunther et al., 2004: 353). Por tanto, resulta interesante conocer si esta dinámica en la cesión mutua de los temas a tratar y el ejercicio del poder ejecutivo de los mismos fue compartida por los grupos políticos en el gobierno municipal, o si por el contrario, fue un estilo de política que se reducía al nivel de gobierno nacional. Esta búsqueda del diálogo unido a la participación multilateral en la negociación es lo que algunos autores han denominado "coordinación positiva"[7] (Scharpf, 1994).

Sin embargo, cabe preguntarse si esta tendencia al diálogo tuvo un origen anterior en el tiempo o si por el contrario, fue un hecho que se inició en la Transición. Según los teóricos del neoinstitucionalismo de la elección racional, las instituciones son creadas "ex novo" por los actores y pueden ser modificadas en cualquier momento para adaptarse al contexto (Peters, 2005). Se entiende que tras la muerte de Franco se abría una oportunidad de cambio y que los actores rediseñaron el "policy-making" según sus objetivos políticos. Sin embargo, eso no explica cuál fue no el objetivo, sino el factor causante de que distintos grupos políticos se pusiesen de acuerdo en un momento de cambio político y crisis económica.

b) ¿Por qué nos pusimos de acuerdo pese a las diferencias? La pluralidad de las élites y la elección racional:

---

[7] El marco teórico supone una adaptación de la propuesta de Scharpf al analizar las relaciones en el gobierno federal de Alemania y los mismos estados federales de distinto color político, especialmente en lo que se refiere a sus definiciones de coordinación positiva y negativa entre distintos agentes. Por lo que, se ha considerado útil emplear este mismo enfoque para una situación como las relaciones entre grupos municipales de distintos municipios y la negociación que se pueden producir entre ellos. Estos tipos de coordinación son el resultado de una institución que es el mecanismo por el cual se opta por un diálogo multilateral y basado en la cesión de cada una de las partes implicadas (positiva), o por un diálogo bilateral (dinámicas gobierno-oposición) en el que no se produce una cesión o regateo en las posiciones de los agentes implicados (negativa). Este mecanismo de adopción busca como objetivo mantener la gobernabilidad, si bien, el uso de una coordinación u otra es algo que queda en manos de los actores implicados.

Desde la visión del behaviorismo la tendencia al consenso no sería tanto el fruto de una institución (considerada desde el NIER) como un conjunto de actitudes y pautas compartidas, es decir, sería una cultura política fruto de la socialización política y de la forma de relacionarse con los poderes públicos (Almond y Verba, 1963). Ante la falta de acuerdo entre ambos enfoques es posible establecer una conexión entre neoinstitucionalismo y conductismo. Si para el neoinstitucionalismo de la elección racional es posible configurar los valores y las reglas de una institución en cualquier momento, es posible que dicha reconfiguración o creación de la misma se deba a un cambio en las actitudes de la misma estructura social. Por tanto, la existencia de cierto pluralismo político y social, aún en el seno de la dictadura franquista habría permitido actitudes favorables a la política de consenso. ¿Cómo puede explicarse este "pluralismo" en un régimen no-democrático? Existen determinadas investigaciones que demuestran como el aprendizaje de actitudes políticas favorece la transición a la democracia en regímenes autoritarios (Brownlee, 2011; Dahl, 2010; Rustow, 1960). Estos trabajos sostienen que la participación de las élites en determinados órganos colegiados y la existencia de una competencia electoral -que no democrática- en los "Estados híbridos"[8] aumentan la posibilidad de que cuando se abra una crisis en dicho régimen sea más probable un cambio hacia la democracia que hacia un régimen no-democrático.

Desde la perspectiva estructuralista, otros autores como Durao Barroso y Luhman hablan de "diferenciación política" y "diferenciación social"[9] respectivamente, y

---

[8] Estados que aún no siendo democráticos, mantienen una serie de características de la democracia como permitir cierta libertad de medios, partidos políticos, etc.

[9] Cuando Luhman habla de "diferenciación social" hace referencia a la "capacidad que tiene el sistema para a través de unos criterios seleccionados por transacción con el entorno y que le permite cambiarlo si es necesario por sí mismo". Asimismo, cuando se produce dicha diferenciación en los roles se crea un modo o camino para

que la misma debe producirse entre las élites como "una variedad admisible en grupos sociales, tendencias ideológicas, etc." (Barroso, 1989). Asimismo, postulan que los líderes y algunos partidos intentan constituirse en referencias necesarias del nuevo sistema resultante de una transición a través de políticas inclusivas que les llevan a identificarse con el mismo proceso de democratización.

Si aceptamos las premisas behavioristas y estructuralistas, es posible por tanto hablar de transición hacia la "poliarquía" o "democracia liberal" a través de la socialización y reclutamiento de las élites (Dahl, 2002). Según algunos teóricos, la transición política representó un proceso de adaptación de distintas élites y grupos de poder que habían sobrevivido en una relación asimétrica durante el franquismo (Linz, 1997; Jerez, 1996). Por tanto, el punto de partida de nuestra investigación nos lleva a reconocer la existencia de distintos colectivos como una condición propiciadora de la democracia (Dahl, 2010). Al respecto, los partidos en la clandestinidad gozaban de una estructura firme y disciplinada, puesto que sin ella habrían sucumbido a la persecución política del franquismo (Tussel y Soto, 1996). Por su parte, el trabajo de campo de Márquez (1981) demuestra que UCD y PSOE contaban con una implantación territorial para fechas de las elecciones locales de 1979.

La composición política de cada partido era el resultado de distintos sujetos con diferentes procesos de socialización. En algunos casos compartidos, como UCD y AP que provenían del régimen franquista y contaban entre sus filas con miembros de las clases media-alta y alta (Márquez, 1993). De hecho, se encontraban distintos perfiles entre de la derecha, como monárquicos, falangistas, demo-cristianos y

---

la autonomía relativa del sistema.

liberales que era el resultado de la existencia previa de distintos grupos en un régimen autoritario, que no totalitario (Linz, 1990) En los partidos de la izquierda, los candidatos eran más jóvenes, de clase media y obreros y había una mayor presencia de las mujeres (Márquez, 1981).

Por tanto, existía una diversidad de grupos que se había gestado durante la dictadura. Lo que coincide con la premisa de Dahl (1961) que afirma que es necesaria la presencia de distintos grupos políticos que representen las distintas afinidades ideológicas existentes en la sociedad para poder hablar de democracia. Ante esta afirmación del positivismo pluralista (Máiz, 1984), ponemos en relación este dato en su vertiente empírica para sostener que esta pluralidad de la sociedad, y por tanto, de las élites hizo posible el diálogo y la exclusión de los creyentes (Panebianco, 2009). O dicho de otra forma, una menor diversidad de procesos de socialización y por tanto unas actitudes similares ante la política, podrían haber dado al traste con la transición convirtiéndola en un conflicto abierto y habiendo terminado finalmente en una situación no-democrática. Por ello, esta diversa socialización de las élites podría hacer posible el consenso no sólo en la arena de la política nacional, sino también en el gobierno local. De hecho, algunos cronistas han reconocido que las actitudes abiertas de distintos líderes y partidos hizo posible el éxito democrático (Estefanía, 2007; Linz, 1997; Maravall, 1982).

De hecho, esta diferenciación social debería quedar interrelacionada con el proceso de negociación ya que existen una serie de tendencias a analizar. La pluralidad social sería la causa de la posibilidad de acuerdo y de regateo. En primer lugar, observar las relaciones de regateo que se producen entre los grupos municipales (Scharpf, 1994) y que ha sido confirmado por otros autores en el nivel central durante la transición española. Por un lado, se ha afirmado que "la heterogeneidad de la vida política dentro y bajo el régimen había permitido la aparición de líderes potenciales con distintos proyectos políticos" (Linz, 1997: 57-58). Aunque el franquismo hubiese intentado homogeneizar la vida social en España, se habían desarrollado procesos de socialización política distinta para los partidarios de la oposición y para los integrantes del régimen y por tanto, distintos estilos de hacer política. Por otro lado, Gunther (1985: 47) sostiene que la participación entre élites diferentes, los oponentes del franquismo y los sectores del mismo; hicieron posibles compromisos entre las distintas fuerzas políticas. En segundo lugar, José Durao Barroso (1989: 40-41) sostiene que "cuando se produce la diferenciación de los roles, se crea el modo o camino para la autonomía relativa del sistema político al nivel de los criterios de decisión política" y existe por tanto, una relación entre la diferenciación social y la negociación. Por tanto, un segundo punto a analizar sería el estudio de las relaciones de "bargaining" entre las élites locales para definir los temas de la agenda y la inclusión de determinados actores no partidistas en los mismos.

La competencia perfecta entre los grupos y que defiende el pluralismo clásico es una condición que no puede ser asumida. Las críticas acometidas por marxistas y elitistas (McLennan, 1989; Máiz, 2001; Ware, 1998), llevó al pluralismo a corregir sus planteamientos, especialmente al eliminar la "perfección" en la competencia política y reconocer la posición predominante de grupos económicos y el poder económico como estructural. En el análisis de las élites, los trabajos desarrollados por autores como Ware (1996) y Panebianco (2009), explican más claramente la actitud y la idiosincrasia interna del partido en los aspectos que nos atañen en cuanto a composición, rasgos de los candidatos y socialización política.

Asimismo, las tesis de la elección racional sostienen que en un momento de cambio en la distribución ideológica de la ciudadanía puede producir la aparición de nuevos partidos políticos (Downs, 1957). Lo que concuerda con el cambio que supone el reconocimiento de la libertad ideológica con la Ley de Reforma Política de la Transición. Estas propuestas permiten responder a interrogantes como por qué sujetos con similares procesos de socialización se integran en grupos políticos de distinto carácter.

Existía esa diversidad, pero si miembros de una misma clase social y con procesos de socialización similares se situaban en partidos políticos. ¿Cuál era el motivo que llevaba a dicha disfunción? Probablemente, la respuesta a esta incógnita se halla en que el reconocimiento de los partidos políticos, permitió que los sujetos eligiesen con más libertad aquel partido que representaba sus valores. Lo cual puede ser adaptado a patrones de racionalidad y explicado en base a los mismos.

3. HIPÓTESIS DE INVESTIGACIÓN

El presente estudio intenta demostrar o refutar si la política de consenso que se reprodujo en el entorno nacional (Bernecker y Maihold, 2007; Gunther, 1985; Maravall, 1982) se desarrolló de forma similar en el acuerdo entre los grupos municipales para configurar la agenda municipal. Y en dicho caso, si se produjese ese consenso positivo sería posible debido a que previamente existía un mecanismo de coordinación resultado de la negociación entre las élites (Dahl, 2010; Linz, 1981).

Gráfico I. Relación de causalidad de la hipótesis explicativa.

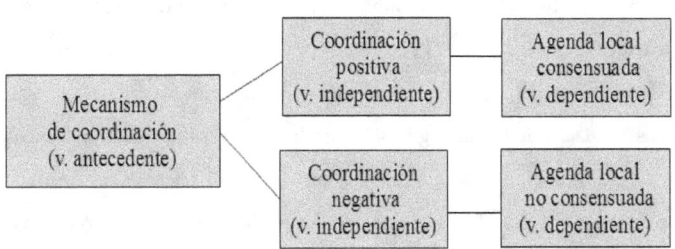

Fuente: Elaboración propia a partir de Brownlee, 2011; Dahl, 2010; Gunther, 1985 y Scharpf, 1994.

Este estudio puede calificarse como empírico-explicativo (Anduiza et al. 1999), puesto que pretendemos interpretar una relación de causalidad entre variables en el entorno local (ver Gráfico I). La agenda local consensuada es una variable dependiente que viene determinada por la variable independiente que representa la negociación positiva de los grupos municipales. A su vez, dicha negociación positiva de los grupos municipales se vería influida con una variable antecedente o variable de condición que sería el mecanismo de coordinación (Van Evera, 2002). En caso de que el mecanismo de coordinación produjese una coordinación negativa, se supone que la agenda local no sería fruto del acuerdo o "bargaining" entre los grupos municipales.

La variable condición puede influir en el impacto que la negociación local entre las élites locales mantiene sobre la configuración de la agenda. Por tanto, es recomendable controlar los distintos mecanismos de coordinación, como variable antecedente, en distintos municipios y observar qué resultados se producen.

En lo que atañe al estudio de las distintas técnicas de coordinación que se producen entre las élites locales en el gobierno municipal recurrimos a la tipología de Scharpf (1994) que distingue entre coordinación positiva y negativa. Así, centramos nuestra visión de dicha negociación en lo referido a la selección de los temas de la agenda municipal y los colectivos ciudadanos implicados, es decir; a los colectivos de la sociedad civil que participan con su respaldo o rechazo a estas políticas.

En esta línea, lo que estamos observando es la adaptación de un actor político a un nuevo contexto. Un entorno con unas reglas sujetas a un control constitucional y donde la clase política es elegida mediante el mecanismo del sufragio universal. Lo que, de entrada, nos hace presuponer que se producen diferentes fórmulas de reclutamiento, socialización y acción política de dicha élite, según el partido político del que se trate. Ya que, el objetivo de nuestra investigación consiste en observar dicho cambio si se produce efectivamente y en qué dirección.

4. ESPECIFICACIÓN DE LAS VARIABLES

Atendiendo al anterior esquema, la operacionalización de las variables se efectuará de la siguiente manera:

- **Mecanismo de coordinación (variable antecedente):** Esta variable se operacionaliza a través de la organización de los grupos municipales, atendiendo a la composición de cada uno de ellos y observando las relaciones de gobierno-oposición o colaboración que se producen entre los mismos. Para controlar dicha variable acometemos con una comparación de distintos municipios en los que se reproducen distintas fórmulas de política de consenso y política de gobierno-oposición.

- **Coordinación de los grupos municipales (variable independiente):** En el estudio de esta variable partimos del estudio del "policy-making" de la transición de Gunther (1985) y recurrimos al enfoque del neoinstitucionalismo de la elección racional, donde existen dos elementos como son la negociación multilateral y el regateo entre los distintos grupos políticos en la aprobación de leyes y actuaciones estatales. Y por ser la transacción el estilo afirmado por distintos politólogos en la transición española en el ámbito nacional (Linz, 1997; Share, 1987). A partir de esta tendencia, sostenemos que este mismo estilo de coordinación positiva e intercambio (Scharpf, 1994: 39) se reproduce en el ámbito local. La *coordinación positiva* se producirá cuando los distintos grupos municipales configuren los "issues" (Lindbloom and Woodhouse, 1993) de la agenda local a partir de relaciones multilaterales y cuando se comparten las funciones ejecutivas de gobierno, es decir; de las delegaciones municipales entre todos los participantes. Mientras que, hablaremos de *coordinación negativa* cuando las relaciones entre los grupos municipales son de carácter bilateral o unilateral y no se produce una puesta en común de las delegaciones del ayuntamiento. La operacionalización de esta variable se efectúa en como análisis cualitativo de los *tipos de coordinación* en la selección de los temas de la agenda local y las relaciones de los grupos municipales.

- **Agenda local:** Para este indicador se ha recurrido a la enumeración por parte de los entrevistados de aquellos temas que consideraban más importante. Definimos como agenda el conjunto de temas de la actualidad que son incluidos en la agenda de gobierno, en este caso la municipal, para su posible solución (Lindbloom and Woodhouse, 1993; Subirats y Gomá, 1998) A partir de ahí, se ha efectuado un cruce de los datos de los entrevistados en un mismo municipio. La agenda local se desglosa en un análisis cualitativo de los *temas de agenda* del gobierno municipal.

De esta forma, la mayor parte de nuestros indicadores son de carácter cualitativo. En primer lugar, porque el análisis de la agenda local puede ser estudiado con más profundidad por técnicas cualitativas (Bouza, 2012). En segundo lugar, porque el estudio de los procesos de socialización desarrollados por estos actores difícilmente puede ser cuantificado, ya que tras tres décadas algunos de los concejales y alcaldes no son accesibles para realizar una encuesta representativa debido a su fallecimiento o a que están indispuestos por su débil estado de salud.

5. SELECCIÓN DE LOS CASOS

En concreto, la presente investigación recurre al método comparado para controlar la variable antecedente de composición (Sartori y Morlino, 1999: 25).

Nuestro universo está representado por los concejales de municipios urbanos (mayores de 50.000 habitantes). Para seleccionar a aquellos que han sido objeto de nuestro análisis, se ha recurrido a una pequeña muestra o "Small-N" de cuatro ciudades, que permite una mayor profundización en la hipótesis a estudiar, pero dificultando su extrapolación a otros casos (Ebbinghaus, 2005: 142; George y Bennett: 185). Para controlar la variable antecedente vamos a seleccionar dos pares de ciudades (Van Evera, 2002). Una primera pareja de dos localidades regidas por grupos políticos procedentes del régimen franquista y otras dos gobernadas por grupos provenientes de la clandestinidad. Así, podemos observar si la política de consenso se produce con indiferencia del partido político que gobierne y por tanto, es un resultado de la socialización y composición política. Dicho de otra forma, la coordinación positiva suponemos que en caso de producirse será un resultado de los efectos de la estructura social y no tanto de la identidad política del partido gobernante. De forma que, esta comparación permitirá actuar como un control de las variables estudiadas (Della Porta, 2008). ¿Por qué centramos nuestro esfuerzo en estos núcleos urbanos y no en el ámbito rural?

- En primer lugar, porque la mayoría de los partidos políticos establecían su estructura organizativa con una sede o comité provincial, que suele estar situado en la capital administrativa de la provincia. Lo que es denominado por la literatura como comités subcentrales (Panebianco, 2009; Ware, 1996).

- En segundo lugar, porque las características de los municipios rurales y de menos de 50.000 habitantes difícilmente pueden ser abordados desde una perspectiva pluralista (Dahl, 1961).

- En tercer lugar y no menos importante, porque los grandes cambios políticos, económicos y sociales de la transición a la democracia tuvieron como principales escenarios, las capitales españolas de provincia (Arcas, 2004; Cuenca, 1984).

- En cuarto lugar, un estudio de las élites en el entorno rural bien debería adoptar otras perspectivas y conceptos, especialmente el análisis del llamado "clientelismo" o "caciquismo" (Robles, 1996).

Por ello, consideramos que el estudio de esta relación, de este cambio de las élites desde la dictadura hasta la democracia en el entorno rural bien podría ser analizado en un trabajo posterior. No obstante, no es el objetivo concreto del presente proyecto. Así, llegados a este punto, procedemos a seleccionar las ciudades sobre las que aplicar el presente estudio empírico. Por lo que, seleccionaremos las ciudades entre el universo de municipios urbanos (mayores de 50.000 habitantes) para fechas de 1979, resultado una "small-N" compuesta por Málaga, Sevilla, Cáceres y Ciudad Real[10]. En un posterior trabajo de tesis doctoral, si bien podemos decantarnos por otros municipios o seleccionar uno de los estudiados para acometer con un estudio de caso. Los criterios que han justificado la selección de estas ciudades son los siguientes:

---

[10] Datos del Censo de Población obtenidos del Instituto Nacional de Estadística (www.ine.es).

- Hemos seleccionado para la primera legislatura democrática local (1979-1983), dos ciudades gobernadas por partidos procedentes de la clandestinidad como son Málaga (PSOE-PCE) y Sevilla (PSA-PSOE-PCE) y otros dos municipios gobernados por élites procedentes del franquismo como Ciudad Real (UCD-Independientes) y Cáceres (UCD-Independientes).

- Asimismo, por tratarse de un estudio cualitativo y por las limitaciones económicas de traslado y estancia en dichas ciudades, hemos buscado aquellas más cercanas al lugar de residencia del investigador y que se adaptasen a los criterios de la muestra.

- En dicha selección, hemos intentado reunir distintos gobiernos en coalición, para los municipios gobernados por élites de la clandestinidad ha sido posible encontrar algunos casos, mientras que los ayuntamientos gobernados por las élites procedentes del régimen son ambos de coalición.

- Acotamos el presente número de casos a cuatro por ser el mayor posible para un Small-N (Sartori y Morlino, 1999), adaptándonos a la naturaleza del proyecto de investigación presente.

Asimismo, la selección de estos casos viene a completar como hemos señalado anteriormente un vacío tanto para el conocimiento de élites en la Ciencia Política como a mostrar una perspectiva histórica de la transición en estas ciudades andaluzas.

6. FUENTES Y DATOS: EL TESTIMONIO DE LA ÉLITE LOCAL

Una vez, hemos definido los indicadores de nuestra investigación, poniéndolos en relación con la hipótesis y las preguntas de investigación, procedemos a concretar la metodología y las fuentes de obtención de datos. Para ello, dividiremos dichas fuentes de datos en las correspondientes a primarias y secundarias:

a) Fuentes primarias:

Los instrumentos y herramientas metodológicas que emplearemos para la obtención de datos de primera mano son de naturaleza eminentemente cualitativa. Previamente, se han solicitado los listados con la composición de concejales de las corporaciones analizadas a los respectivos archivos municipales e históricos. A partir de estos datos, disponemos de la muestra del universo que vamos a estudiar que son los concejales de municipios urbanos.

En primer lugar, hemos efectuado un diseño, aplicación y análisis de una entrevista semiestructurada (Corbetta, 2007: 352; Sierra, 2008: 354) a una muestra (mediante el sistema de bola de nieve) de 25 alcaldes y concejales durante el período 1979-1983 en las ciudades seleccionadas, desde el enfoque conductista y del neoinstitucionalismo de la elección racional. En el diseño de la entrevista, hemos desarrollado distintos apartados de preguntas que se corresponden con los indicadores operacionalizados en el guión de la entrevista semiestructurada (ver Anexo I) y los cuales han sido desarrollados en el protocolo de codificación (ver Anexo III). ¿Por qué se ha efectuado este muestreo no representativo y se ha recurrido a esta metodología? Los criterios que hemos adoptado en la selección de los entrevistados se han desarrollado previamente y durante el curso de la investigación (Corbetta, 2007: 351)

- Hemos empleado el método de entrevista semiestructurada porque no es posible efectuar un cuestionario o entrevista estructurada a una muestra representativa de los concejales (Van Evera, 2002). Esto se debe a que durante la fase previa de contacto con los entrevistados se observó que una parte considerable de los mismos habían fallecido o sufrían alguna enfermedad que dificultaba el contacto con los mismos tras el transcurso de tres décadas desde el período temporal estudiado. También, por otros motivos que desconocemos no accedieron a la realización de la entrevista[11].

- Asimismo, el muestro por bola de nieve es más factible de realizar ante la limitación anterior y porque al abordar a un grupo determinado de la población como son los concejales es difícil acometer con otro tipo de muestreo que fuese representativo o por conglomerados (Corbetta, 2007). Así, se efectuó un primer contacto directo con los primeros entrevistados en cada ciudad, y posteriormente algunos de ellos han actuado como "porteros" o "gate-keepers" para acceder a otros. También en los casos de Ciudad Real y Cáceres, se ha recurrido a profesores universitarios[12] expertos en la materia, a quienes habiéndoles informado previamente de esta investigación, han colaborado en el contacto con los alcaldes y concejales.

---

[11] Ya se ha dicho por parte de distintos autores que la élite política no se deja investigar y que muchas veces es difícil acceder a la misma por parte del investigador (Mills, 1957; Uriarte, 1997).

[12] En el caso de Ciudad Real fue el Catedrático de Historia (UCLM), Juan Sisinio, y para Cáceres, fue el Profesor de Historia Contemporánea (UEX), Julián Chávez, quiénes han colaborado abierta y desinteresadamente en la labor de contacto con los entrevistados.

- En la medida de lo posible, se han entrevistado a los miembros de aquellos partidos políticos con mayor capacidad de "chantaje" (Sartori, 2005), resultando ser estos partidos los siguientes: Unión de Centro Democrático, Partido Socialista Obrero Español, Partido Comunista de España y Partido Socialista de Andalucía.

- Se ha intentado buscar cierto equilibrio en las cuotas de los entrevistados atendiendo a la composición de la corporación de 1979. Sin embargo, ha sido difícil mantenerlo debido a las distintas limitaciones que se han comentado para obtener la disponibilidad.

A partir de los datos obtenidos, se ha procedido a una codificación de las entrevistas y al análisis cualitativo de su contenido. Por un lado, lo correspondiente al indicador de *composición y socialización* y por otro lado a los indicadores de *negociación de los grupos municipales* y *agenda local.*

b) Fuentes secundarias:

Seguidamente, para aplicar la primera fase (contextualización) y la fase correspondiente a la selección de la muestra para analizar la negociación y la composición de la élite local en 1979 se han consultado una serie de datos secundarios. Por lo que, el trabajo en la captación de los datos de las fuentes secundarias representa la fase previa a acometer con las labores reseñadas en las fuetes primarias. Para ello, establecemos las siguientes fuentes:

- Para la contextualización histórico-política de la transición y los primeros años de democracia:

- ○ Instituto Nacional de Estadística.
- ○ Ministerio del Interior.
- Para la obtención de los datos referidos a la selección de la muestra:
  - ○ Archivo Histórico Municipal de Cáceres.
  - ○ Archivo Histórico Municipal de Ciudad Real.
  - ○ Archivo Municipal de Málaga.
  - ○ Archivo Histórico de Sevilla.
  - ○ Centro de Estudios Andaluces.
  - ○ Centro de Documentación Política y Electoral de Andalucía.
  - ○ Documentación de los partidos políticos a analizar: UCD, PSOE, PCE y PSA.
  - ○ Documentación de la gestión municipal.

En síntesis, hemos presentado las fuentes principales de obtención de información. Por tanto, el paso siguiente en este proyecto consiste en su aplicación y análisis de los resultados obtenidos.

7. CONTEXTO POLÍTICO Y SOCIAL DE LA TRANSICIÓN POLÍTICA EN ESPAÑA

a) Las lecturas políticas y politológicas sobre la Transición:

Las transiciones políticas desde regímenes autoritarios hacia sistemas democráticos tienen una larga y prolífica literatura (Acemoglu y Robinson, 2006; Brooker, 2000 Linz; 1990). En la mayoría de estas transiciones, influyen factores de distinta índole como bien pueden ser la presión de la sociedad civil o determinados grupos sociales, el interés del capital de avanzar hacia una economía de mercado frente al proteccionismo de una dictadura, el deseo de adaptar las instituciones autoritarias a una democracia liberal o el interés por ser aceptado en una comunidad de países democráticos como la Unión Europea. Además, hay que puntualizar que las transiciones de un régimen autoritario hacia otro distinto no confluyen siempre y necesariamente en un Estado democrático, como puede ser el caso de Rusia y de la antigua Yugoslavia tras la caída de la Unión Soviética.

La transición política de España comienza con la muerte del dictador Franco en 1975 y se consolida con la constitución de una democracia representativa con una monarquía parlamentaria en 1978-79 (Gunther, 1985). En profundidad, el régimen de Franco puede catalogarse dentro de los autoritarismos (Colomer, 2011) que experimentaron otros países del sur de Europa como el Portugal de Salazar (1932-1975), el fascismo italiano de Mussolini (1922-1943) y la dictadura de los Coroneles en Grecia (1967-1974). Así, la continuidad de los regímenes no democráticos en estos países (a excepción de Italia) responde a pautas políticas e históricas comunes. En primer lugar, tanto España, como Portugal y Grecia[13] instauran regímenes autoritarios que se acercaron al fascismo (Nogueira, 1995): Falange en España, las reformas de importación fascista del "Estado Nuevo" en la dictadura lusa, la colaboración del Gobierno griego con los nazis durante la guerra, etc (Nouschi, 1996). Aunque, ha existido una controversia sobre la denominación de estos regímenes como fascistas, acogemos la clasificación de Linz (1990) que los denomina "autoritarios" diferenciándolos de la Alemania nazi y la Italia de Mussolini. En segundo lugar, sus transiciones a la democracia de España, Portugal y Grecia se producen en torno a la década de los setenta, lo que denota la influencia de unos en otros en la Europa mediterránea (Barroso, 1987; Costa y Freire, 2003). Finalmente, cuando estos países adquieren un sistema democrático se produce su entrada en la Unión Europea, a lo largo de la siguiente década.

En el caso español, se ha hablado de una transición pactada por parte de los historiadores (Arcas, 2004; Bernecker y Maihold, 2007; Cuenca, 1984; Payne, 2008). Sin embargo, los análisis realizados desde la Ciencia Política han acertado al afirmar que la transición española es el resultado de una improvisación, es decir, una "transición improvisada" (Gunther, 1985; Linz, 1990; Maravall, 1982). De hecho, la situación de la España tras el franquismo representaba una toma de decisiones en relación al modelo institucional tras más de treinta años de autoritarismo. Así, entre los actores políticos se encontraban las élites militares y corporativistas deseosas de la continuidad de la dictadura, los sectores más moderados del régimen que aspiraban a asentar una democracia representativa y la oposición de los partidos de izquierda (PSOE y PCE, principalmente) y los

---

[13] En el caso griego, durante la II Guerra Mundial se establece un país colaboracionista con el régimen nazi y posteriormente, su ocupación por parte de Alemania, desembocando en una guerra civil.

nacionalistas catalanes y vascos (Gunther et al., 2004). De ahí, el liderazgo de Adolfo Suárez, el estilo de negociación basado en el regateo entre UCD y PSOE y la influencia de las grandes personalidades del momento dieron como resultado un sistema democrático y constitucional "improvisado", pero consensuado por la mayoría de los partidos.

En los últimos años, se ha propuesto una "revisión histórica" del episodio de la transición. Por un lado, algunos historiadores al hilo de las propuestas de recuperación de la "memoria histórica"[14]. Por otro lado, como consecuencia de los autores revisionistas de la Guerra Civil que ofrecen una lectura desde la derecha política (Payne, 2008)[15]. Lo que denota, un claro y manifiesto desacuerdo sobre la interpretación política de esta etapa. Por su parte, el presente trabajo de investigación abandona cualquier pretensión de valoración ideologizada de la transición política, siendo su principal interés la descripción de las élites locales durante su primera legislatura democrática.

En el caso portugués, la transición no dependió tanto del acuerdo entre la misma clase política. Al contrario, se produce una negociación entre los militares del MPR de tendencia de izquierda y anticolonilistas y la nueva clase política regresada del exilio, que va transfiriendo de forma discontinua competencias y poderes a estos últimos (Costa y Freire, 2003). Lo que finaliza con la formación de una asamblea constituyente que dará paso a la futura constitución del país lusitano.

---

[14] Se pueden citar las posturas defendidas por el el Catedrático de Ciencias Políticas, Viçenc Navarro, el Profesor de Historia Contemporánea de la UMA, Fernando Arcas, y el Profesor de Historia del Periodismo, Jose Antonio García Galindo.

[15] Es el caso de César Vidal, Pablo Moa y Stanley Payne.

b) Del Estado franquista hacia la democracia parlamentaria:

Tras la caída de la II República y la Guerra Civil, España abre un enorme paréntesis democrático desde 1939 hasta 1975 con la dictadura del general Franco. A grandes rasgos, el Estado queda catalogado como autoritario y diferenciado de los clásicos totalitarismos siguiendo las premisas de la literatura politológica española sobre esta cuestión (Colomer, 2011; Linz, 1990). Los argumentos en los que se apoya esta tesis son la ausencia de una ideologización completa de la vida de los sujetos similar a una cosmovisión[16], la existencia de distintas élites dentro del régimen que compiten por el poder (falangistas, militares, Iglesia, etc.) o denominado "coalición dominante" (Morlino, 1988), el recurso arbitrario a la violencia política y la previsibilidad de su actuación. Asimismo, con acuerdo a la clasificación de autoritarismos, el franquismo se enmarca dentro de los regímenes militares de carácter personalista similar a las dictaduras del Cono Sur en América Latina (Colomer, 2011)

A principios de los setenta, la élite franquista había creado instituciones que podían ser catalogadas como anacrónicas para una sociedad industrializada y urbana como era el caso del Movimiento Nacional y los sindicatos verticales (Gunther, 1985). La cuestión que surge tras la muerte de Franco en 1975, es si se podía lograr un acuerdo en las instituciones básicas de una democracia o si se continuaría con el régimen. Cualquier democracia que saliese de este régimen debía acabar con la mayoría de las instituciones autoritarias. Asimismo, había surgido el problema de los nacionalismos periféricos como eran el catalán, gallego

---

[16] En los casos de los totalitarismos, como la Alemania nazi o la Unión Soviética la ideología oficial abarcaba todos los aspectos de la vida desde la gestión económica hasta cuestiones como la enseñanza y el arte oficial del régimen, siendo rechazados y perseguidos cualquier manifestación que no se adaptara a los valores y cánones establecidos.

y vasco; este último con las nefastas consecuencias de los atentados terroristas y el asesinato de Carrero Blanco (Gunther, 1985; Linz, 1997).

El objetivo en cuanto al sistema de partidos era generar opciones políticas que se asemejasen a sus homólogos del contexto europeo (Arcas, 2004). Tras las elecciones celebradas en 1977, UCD y PSOE acapararon más de la mitad de los votos, seguidos de PCE, AP, PDC y el PNV. Lo que se catalogaba como un sistema de bipartidismo imperfecto según la clasificación tradicional de Sartori (2005). Principalmente, estos grupos políticos negociarían la futura constitución, encabezados por UCD y PSOE. Así, tras la publicación del primer borrador en 1978, la mayoría de estos partidos fueron llamados a negociar el articulado y el contenido de la carta magna (Santamaría y Maravall, 1985). Por su parte, AP quedó marginada por su oposición a múltiples aspectos como el divorcio, el aborto, la pena e muerte, la ley electoral, el papel de la Iglesia en la educación, la libertad de prensa, etc. Lo que fue posible debido a la disponibilidad a la negociación[17] entre PSOE y UCD que acordaron aspectos tales como los de mayor índole religiosa, las relaciones laborales y los principios sociales y económicos de la Constitución (Gunther et al., 2004).

En este sentido, es importante la clasificación realizada por Gunther (1985: 55-57sobre los tres tipos de conflictos o "issues" que surgían en los fundamentos de la nueva democracia:

---

[17] En la práctica, un reducido grupo de miembros de UCD y PSOE adoptaron la práctica de reunirse en un restaurante de Madrid para consensuar la mayor parte de los dilemas izquierda-derecha que se citan. Lo que en los modelos de Scharpf (1994) se catalogaría como "negociación negativa" al cerrarse a estos dos grupos políticos exclusivamente y con considerables dosis de "bargaining" en la tipología de Richardson y Jordan (1979).

- Resolución total de conflictos: Estos aspectos en su mayoría representaban el mínimo común de consenso entre la élite política, especialmente los derechos políticos y las leyes civiles.

- Regulación satisfactoria de conflictos: Aquí se encuadran aspectos tales como la cuestión religiosa, la ley electoral y las materias económicas, donde había disenso entre los grupos minoritarios tales como PCE y AP y en los que PSOE y UCD coincidían con leves matices. Un aspecto problemático fue la aceptación de la monarquía parlamentaria como forma de gobierno por parte de Carrillo.

- Falta de acuerdo adecuado: Este punto agrupaba los temas más espinosos como la problemática de los nacionalismos y las demandas de autonomía. Lo que finalizó con el reconocimiento de las comunidades autónomas de País Vasco y Cataluña.

Un tratamiento a parte merece la cuestión de la crisis económica con el efecto perverso de la estanflación[18] y que podía transformar toda la transición en un rotundo fracaso si no se resolvía. Al respecto, este tema se cerró con los famosos Pactos de la Moncloa en 1978 y que incluía una serie de medidas transitorias en materia de contratación, sindicatos y salarios respaldadas por los principales partidos y sindicatos (Estefanía, 2007). Lo que permitió en pocos años, la salida de la recesión económica para principios de la década de los ochenta. Posiblemente, esta negociación de los aspectos económicos entre grupos políticos, patronal y sindicatos introdujo prácticas de negociación concertada o corporativista (Richardson y Jordan, 1979). Al respecto, Scharpf (1994) afirma que cuanto menor

---

[18] Es la conjunción de una inflación y un estancamiento económico producido por la caída del empleo y de la producción.

sea el número de partes en la negociación mayor será la posibilidad de acuerdo. Lo que coincide con distintos experimentos en la toma de decisiones y la Psicología Social (Gunther, 1985). Sin embargo, sería preciso comprobar si dicha práctica corporativista sólo ha afectado en materia económica y laboral, o ha llegado a otras carteras políticas.

Finalmente, en 1978 se aprueba la Constitución Española, la cual incluía el reconocimiento de la soberanía popular, la separación de poderes, la posibilidad del desarrollo autonómico y el reconocimiento de derechos y libertades fundamentales a los ciudadanos (Payne, 2008). Asimismo, la adaptación de las antiguas instituciones del franquismo como las Cortes o los Ayuntamientos y la creación de otras nuevas, debían guiarse por este texto fundacional y la antigua legislación franquista para adecuar su funcionamiento a la democracia (Cuenca, 1984). Así, se constituyen las primeras comunidades autónomas de País Vasco y Cataluña, seguidas por Andalucía que reclamaba su acceso por la vía rápida. Esta tendencia llevó al resto de territorios a configurarse en autonomías (isomorfismo institucional), dando lugar al Estado autonómico.

En el proceso de transición, ha existido una rica producción en el estudio del liderazgo de Adolfo Suárez y Felipe González, entre otros, que han sido catalogados como líderes innovadores (Linz, 1999). Lo que se basaba en una serie de características como: la capacidad de negociación y de concesiones al contrario (regateo), una actitud transformadora sin la que hubiese sido difícil el cambio y una gestión desapegada del programa electoral.

41

c) Las corporaciones locales durante la Transición y la primera legislatura democrática (1979-1983):

El ayuntamiento fue una de las instituciones que experimentó con mayor intensidad y conflictividad el paso de la transición a la democracia. Mientras en el ámbito nacional, los grandes líderes de los distintos partidos como Suárez, Martorell, Carrillo, Fraga y González, entre otros, trabajaban por adaptar las instituciones a una poliarquía, el nivel de gobierno local tenía que hacer frente a multitud de problemas derivados de la conjugación de un cambio de régimen político y una crisis económica (Arcas, 2004; Márquez, 1981).

Para 1976, se constituyen corporaciones locales de transición y no electas, cuya misión era preparar el camino para la reforma democrática en el gobierno local. Sin embargo, este trabajo no estuvo libre de problemas (Santamaría y Maravall, 1985). En primer lugar, el crecimiento de los núcleos urbanos junto a la crisis provocó que apareciesen barrios y zonas de forma espontánea donde no había existido un planeamiento de ordenación urbana. Por otro lado, las concejalías se encontraban obsoletas y existía una incertidumbre sobre el papel de los ayuntamientos[19] en la futura democracia. De hecho, es reseñable como en algunas ciudades los ediles dejaron de asistir a los plenos y tuvo que aportarse un aumento de su sueldo por estar presentes en los mismos.

A partir de este momento, determinadas entidades como las asociaciones de vecinos y otros colectivos de la sociedad civil local empezaron a participar en la

---

[19] Durante la dictadura franquista, las Delegaciones del Gobierno ostentaban un estatus y una importancia mayor que los ayuntamientos. De ahí que, esta institución estuviese desde 1976 y hasta 1978 con la aprobación de la Constitución en una situación de incertidumbre en cuanto a sus nuevas funciones.

vida pública (Cuenca, 1984). Si bien, no de forma oficial, sino a través de proclamas y demandas a las corporaciones locales. Lo que también estuvo motivado por los efectos de la crisis económica con el incremento del paro y las consiguientes huelgas, llegando en algunos casos a situaciones de conflicto abierto. Por todo ello, los ediles de esta legislatura de transición (1976-79), reclamaron cuanto antes la celebración de elecciones locales para estabilizar el funcionamiento de los ayuntamientos.

No será hasta 1979, tras la aprobación de la Constitución cuando se convoquen elecciones generales y locales. En este aspecto, los mismos partidos que habían accedido al Congreso y al Senado, preparan sus comités locales para las elecciones de los concejales en abril del citado año. La información que existe sobre la campaña electoral en la convocatoria para el gobierno local de 1979, si bien es escasa, pero se pueden apuntar algunos aspectos relevantes (Márquez, 1981 y 1992):

- La campaña se desarrolla "sobre la marcha" en la mayoría de las ocasiones sin programa político previo y tan sólo UCD y PSOE tienen una cierta sistematización. Esto se debe a que no existe una experiencia o directrices sobre cómo dirigir una campaña.

- Al mando de cada candidatura no había unas bases organizadas, sino personalidades y notables del entorno local. Así, el proceso de formación de candidatos depende de tres factores: la normativa electoral, la organización territorial de los partidos y las relaciones de poder internas en cada uno.

- El conflicto interno en la selección de candidatos se resuelve de manera satisfactoria en partidos como Falange Española y de las JONS y Alianza Nacional y con mayores tensiones en PSOE, UCD, AP y PCE .

- En cuanto a la composición de las listas, la presencia de la mujer es minoritaria y es mayor en las opciones de izquierda, así como en las mismas se incluyen más jóvenes (menores de 40 años). Asimismo, PSOE y PCE intentan acaparar todo el abanico social en sus listas, mientras que UCD y AP presentan candidatos "de clase" provenientes de las clases media, media-alta y alta.

- La militancia de los partidos no estaba definida debido a la reciente entrada de las leyes y normas constitucionales referentes a la liberta política.

- El índice de continuidad de las viejas élites franquistas en el gobierno local es mayor en Galicia y menor en Andalucía, según los datos de Márquez.

El resultado final de estas elecciones es la constitución de los primeros ayuntamientos en democracia desde 1979 hasta 1989. Su desarrollo será asimétrico debido a la distinta velocidad de los procesos autonómicos. Para 1979, País Vasco y Cataluña ya habían inaugurado sus comunidades autónomas y organizaban las primeras relaciones intergubernamentales entre el nivel autonómico y local. En Andalucía no llegaría hasta 1980, cuando los ayuntamientos tendrían que definir claramente sus funciones para no pisar a las de la comunidad autónoma a partir de la carta constitucional (De los Santos, 2002). A principios de los ochenta, terminarían por aparecer las últimas autonomías, las que ya disponían de la experiencia previa de las otras regiones.

Finalmente, aunque las funciones estaban definidas en la constitución y en los estatutos de autonomía, no existía una actualización del régimen de bases local para los ayuntamientos democráticos. Habría que esperar hasta la Ley 7/1985 donde se asentarían claramente las normas para estas corporaciones locales que ya iban por su segunda legislatura democrática.

8. COORDINACIÓN POSITIVA Y NEGATIVA EN LOS MUNICIPIOS DURANTE LA TRANSICIÓN

Una vez efectuadas las entrevistas, procedemos a analizar su contenido con acuerdo a dos indicadores. En primer lugar, el indicador "tipos de coordinación", que definimos con acuerdo a los postulados de Scharpf (1994: 39). El autor diferencia entre una coordinación positiva, en caso de que las relaciones entre los grupos políticos fuese de carácter multilateral y existiese una puesta en común de las delegaciones municipales entre el gobierno y la oposición en el ayuntamiento, y coordinación negativa; en caso de que las relaciones entre los grupos municipales fuesen de carácter unilateral o bilateral y no existiese una puesta en común de las tareas de gobierno. En segundo lugar, observamos el indicador "temas de agenda" para comprender cuáles fueron los principales problemas que tuvo que resolver la corporación de cada ciudad y si la selección de dichos temas fue fruto de una coordinación positiva, o si bien, dependieron de otros factores.

8.1. Los municipios gobernados por élites procedentes del régimen franquista:

a) Cáceres:

En el caso del municipio cacereño en 1979, nos encontramos con una corporación gobernada por una coalición formada por la Unión de Centro Democrático y un grupo de electores independientes, quedando en la oposición el Partido Socialista Obrero Español y el Partido Comunista de España, según los datos obtenidos a través de las entrevistas[20] realizadas (CA001, CA002, CA003) y del Archivo Histórico Municipal de Cáceres (ver Gráfico II).

Tabla I. Composición del Ayuntamiento de Cáceres en 1979-83.

Grupo municipal	Concejales
UCD	10
PSOE	9
PCE	3
Agrupación Electores Independientes	4
TOTAL	26

Fuente: Elaboración propia a partir de Acta de Sesión de constitución del Ayuntamientos de Cáceres.

La UCD no alcanzaba la mayoría absoluta, pero sí la mayoría simple que bien podría ser rechazada por una posible coalición entre PSOE y PCE. Ante estos resultados electorales, las opciones que tuvo UCD para ejercer el gobierno local y constituirlo pasaban por:

- Pactar con el grupo de electores independientes formados por personas provenientes de Falange (CA1, CA3) y convertirlos en sus socios de gobierno, formando una coalición de derecha y obteniendo el número necesario de concejales para superar al frente de PSOE y PCE.

- Repartir las distintas concejalías entre los grupos que habían obtenido representación y forzar la búsqueda del consenso, independientemente de si forma una coalición o no.

---

[20] Las entrevistas han sido codificadas con las siguiente referencias: CA para Cáceres, CR para Ciudad Real, MA para Málaga y SE para Sevilla. Asimismo, se les ha asignado a cada una un número siguiendo el orden temporal en el que se realizaron las mismas. En el anexo correspondiente se puede observar el concejal o concejala al que corresponde cada código. Se usa esta codificación para citar las respectivas entrevistas.

- Gobernar en solitario era una opción que no podía ser tenida en cuenta ya que el frente de PSOE y PCE sumaban más concejales que los obtenidos por la misma UCD. Aún así, en caso de haber sido posible por no haberse producido un acuerdo de gobierno entre los partidos de izquierda, habría tenido que contar con el apoyo puntual de los diversos grupos para aprobar sus políticas, con graves riesgos para la gobernabilidad del municipio.

Finalmente, la UCD optó por una estrategia combinada de la primera y la segunda opción. Los ucedistas necesitaban el apoyo de los independientes de extrema derecha para superar el número agregado de PSOE y PCE. Aunque, el aceptar a este grupo como socio de gobierno implicaba tenía un precio ideológico para la UCD, primó la gobernabilidad como un objetivo. Además, PSOE y PCE no podían ser considerados como socios de gobierno debido a sus posturas de no ceder ante la derecha. Por lo que, la única opción para obtener la alcaldía que tenía la UCD residía en aceptar al grupo de electores independientes y formar una coalición.

A grandes rasgos, la división existente entre gobierno y oposición corresponde con partidos provenientes del régimen y otros procedentes de la clandestinidad, respectivamente. La corporación encabezada por el alcalde Luis González (UCD) –y que más tarde fue sustituido por Manuel Leocadio Domínguez- contó en su constitución, y por tanto en el gobierno, con el apoyo de un grupo de electores independientes provenientes del antiguo Sindicato Vertical (CA1, CA3). Así, se producía un bloque de gobierno formado por grupos de centro-derecha y derecha, mientras que la izquierda ejercía la función de oposición y control.

Desde su constitución inicial, puede parecer que la corporación de Cáceres reproducía una lógica de izquierda-derecha si atendemos a los grupos municipales situados en la oposición y el gobierno. Sin embargo, hay una serie de tendencias y dinámicas que habría que tener en cuenta en las relaciones que se producen entre los grupos integrantes del Ayuntamiento si se observa el indicador "tipo de coordinación". En primer lugar, el partido gobernante, la UCD, compartió las delegaciones municipales no sólo con su socio de gobierno, la Agrupación de Electores Independientes, sino también con PSOE y PCE desde el primer momento en que se constituye dicha corporación. Así, lo señalan los concejales entrevistados:

"En Cáceres se reparten las concejalías entre los grupos municipales por resultados proporcionales. En la comisión de gobierno había tres concejales del PSOE, un concejal del PCE, cuatro concejales de la UCD y un independiente" (CA1).

"Fue sorprendente que la UCD cediese delegaciones a la oposición. A mí me cedieron las competencias en Cementerio y Casa de Socorro y a Ángel Ugarte (concejal del PCE) *le encomendaron parques y jardines. Se parte una situación, en la que de entrada no hay discrepancias. Esto crea unas bases de entendimiento en las que se podía ver las necesidades de la ciudad"* (CA2).

"En los primeros años, la UCD repartió delegaciones entre la oposición. Yo fui concejal-delegado de obras estando en la oposición. Y vamos a hacer borrón y cuenta nueva" (CA3).

De forma que, se cumple una de las premisas para que exista una "coordinación positiva", como es la puesta en común de las tareas de gobierno entre el grupo municipal que ostentaba la presidencia del municipio y la oposición, es decir, un aumento del número de participantes en el proceso de toma de decisiones (Scharpf, 1994). Lo que de entrada, obligaba a los participantes en la institución local a buscar el consenso para obtener la gobernabilidad en las distintas áreas municipales, ya que se encontraban en manos de distintos partidos. Se puede afirmar que se crea dentro del Ayuntamiento una institución basada en la "política de consenso" propia de la Transición que ya han mencionado otros autores (Gunther, 1996; Santamaría y Maravall, 1985) en su punto de partida. Si bien, este estilo de "policy-making", entendido como una institución mantendría un objetivo y contaría con una serie de incentivos y castigos para evitar el "free-riding". Observando, el indicador de "tipo de coordinación" coinciden las declaraciones de los entrevistados al definir el objetivo de dicha búsqueda del consenso (CA1, CA2, CA3, CA4). Si bien, debe matizarse que dicho reparto de tareas por parte de la UCD se realizaba con acuerdo a una lógica racional, manteniendo para sí las concejalías más importantes y relegando a los grupos de la oposición otras delegaciones de menor valor como parques, cementerios y jardines entre otros (CA2, CA3).

Según estos datos, el objetivo de de la "política de consenso" en Cáceres residía garantizar "la gobernabilidad" (CA3, CA4). Lo que pasaba por la democratización del Ayuntamiento, garantizar una convivencia mínima entre los grupos políticos y priorizar los intereses municipales frente a las posiciones partidistas (CA1, CA3). De forma que, el incentivo para garantizar la gobernabilidad en el ámbito local para estos partidos era ser protagonistas de la gestión, lo cual se traduciría posteriormente en un aumento de su reedito electoral. Mientras que, el castigo para aquellos que no estuviesen dispuestos a negociar y a pactar, sería ser marginados en futuras negociaciones y no formar parte del "establishment" en la gestión del municipio. De hecho, se ha observado en las entrevistas como el primer alcalde, González Cascos, fue sustituido por promover un estilo de gestión empresarial del Ayuntamiento que no casaba con la idea compartida por los concejales de su grupo y del resto (CA1).

Sin embargo, esta política del consenso no implica que necesariamente siempre se lograse un acuerdo por unanimidad, sino más bien pactos frutos del "regateo" entre los grupos, la existencia de mayorías dentro de este estilo de hacer política y los intentos de algunos grupos por reducir valor a la gestión realizada por el oponente político. Por ejemplo, la UCD intentó reducir el impacto de la gestión realizada por los concejales del PCE en materia de parques y jardines (CA2). Asimismo, se mantuvo una serie de acuerdos continuos a la hora de presentar propuestas comunes entre PSOE y PCE, con algunas excepciones (CA1, CA2). Así, se observa como pese al reparto de competencias municipales y la necesidad de llegar a un diálogo multilateral se reproducían determinadas tendencias como la clásica alianza entre los partidos de izquierda y competencia política que también se reproducían en otros niveles de gobierno (Gunther, 1996; Márquez, 1981).

Además de los datos obtenidos a partir de las entrevistas realizadas a los concejales de aquella corporación, existen otras fuentes secundarias que sostienen la calificación del municipio de Cáceres durante 1979-1983 como un caso de "coordinación positiva" y conectan su relación. En concreto, existe una publicación del consistorio en el que se recoge una evaluación de la gestión realizada por las distintas concejalías en aquella corporación (Ayuntamiento de Cáceres, 1983). Al respecto, la introducción inicial suscrita por el alcalde, Manuel Domínguez, señala *"la presencia de representantes de distintas tendencias determina una autovigilancia en las decisiones locales, desde el inicio y el estudio de los asuntos, hasta su finalización y ejecución* [...] *La transparencia de las actividades de la Corporación, que siempre es un objetivo, en este caso ha sido además una obligación"*. Por *lo que, queda constancia histórica de esta puesta en común de las concejalías, así como de uno de los motivos que pudo llevar a la UCD a realizar este tipo de gestión desde un primer momento fue "informar y rendir cuentas a la población que nos eligió"*. Por lo que, se observa una suerte de cultura política de la élite, y en concreto, de este partido político orientada hacia el servicio público que vendría a conectar con esa institución que otros autores ya han denominado como "política del consenso" (Bernecker y Maihold, 2007; Gunther, 1985; Maravall, 1982).

En cuanto a las relaciones mantenidas por los distintos grupos políticos con los agentes de la sociedad civil se encuentran datos variados. En primer lugar, son los partidos de izquierda principalmente –PSOE y PCE- quienes promueven un fortalecimiento del tejido asociativo, el cual debido a los efectos combinados de la dictadura franquista y del reducido tamaño del municipio, no se encontraba estructurado a los inicios de la transición y era escaso (CA1, CA2). En el caso del PCE, existió una iniciativa por realizar plenos abiertos a los vecinos y una actividad de creación de asociaciones de vecinos en las distintas barriadas que fueron rechazadas por la UCD (CA2). Asimismo, se fomentaron movimientos ciudadanos desde estas opciones para apoyar determinadas actuaciones en materia de infraestructuras, como la carretera Cáceres-Badajoz, y en recuperación de la memoria política y cultural de la ciudad (CA1, CA3). En segundo lugar, no se encuentra una actitud activa por parte de la UCD y el grupo de electores independientes por obtener la colaboración ni por el fomento de la creación de colectivos cívicos (CA1, CA4). En las asociaciones promovidas por parte de PSOE y PCE se observa un apoyo a las propuestas de estos partidos, sirviendo estos colectivos como una base de reivindicación social para sus propuestas políticas. En tercer lugar, se constata como los sindicatos como la Unión General de Trabajadores y Comisiones Obreras eran si no los primeros, unos de los principales actores de la sociedad civil que participaban en la política local en este entorno municipal con una nula vertebración del tejido asociativo y especialmente durante los primeros años del ayuntamiento democrático (CA1, CA3).

A la luz de estos datos, sostenemos que en el caso de la corporación cacereña de 1979-1983 se produce una "coordinación positiva", cumpliéndose los requisitos de que todos los grupos políticos estableciesen relaciones multilaterales en las negociaciones y tendencias de regateo que se producían entre los mismos en la selección de los temas de agenda y en que las delegaciones del gobierno municipal fueron compartidas entre los mismos. Ahora bien, debemos preguntarnos si este tipo de coordinación influyó en la configuración de los temas de la agenda política, es decir; si los asuntos y problemas que gestionó el consistorio fueron fruto de la aportación de los distintos grupos municipales que participaban en esa "política de consenso", o si provinieron de otros actores como la sociedad civil.

Entre los principales "issues" se encuentran los referentes a urbanismo, promoción cultural de la ciudad y creación de equipamientos urbanos (CA1, CA2, CA3). En primer lugar, los grupos coincidían en la necesidad de resolver la ordenación urbana de la ciudad de Cáceres y su acomodación a la expansión urbana que estaba experimentando (CA1, CA3). En segundo lugar, la política cultural consistente en la rehabilitación y protección del casco antiguo y la catalogación del municipio como "ciudad monumental" por parte de la UNESCO (CA1, CA2, CA3). Por último, y unido a la política de ordenación urbana garantizar los servicios municipales más básicos como la limpieza, el alumbrado y la creación de zonas verdes. Asimismo, se observa como las relaciones intergubernamentales entre el nivel local (UCD) y provincial (PSOE) contribuyeron en la implementación de algunas de estas iniciativas (CA3). Por lo tanto, se puede afirmar que existió una agenda consensuada en los principales temas, si bien se pueden citar otros aspectos como los referentes a la actualización de los servicios de la farmacia municipal que fueron obviados por las mayorías que se producían dentro del pleno (CA2).

Al existir una colaboración, entre los distintos grupos para seleccionar estos temas, se observa como la coordinación positiva influyó directamente en configurar los temas de agenda y por tanto producir una agenda local consensuada. Si bien, es difícil determinar si estos "issues" fueron planteados por parte de algún colectivo organizado de la sociedad civil, especialmente cuando el tejido asociativo cacereño fue impulsado exógenamente por los distintos grupos políticos (CA1, CA2, CA3, CA4). Si bien, en algunos casos el contacto diario con los representantes políticos y las mismas relaciones de los concejales con su entorno más cercano sirvió como canal para introducir en el gobierno local las principales demandas de los vecinos (CA3).

b) Ciudad Real:

El consistorio de Ciudad Real presenta una serie de características similares con el tipo de gestión que se produce en Cáceres para las corporaciones de 1979 a 1983.

En su composición inicial, se aprecia un consistorio formado por UCD y PSOE como grupos mayoritarios, seguidos de la Agrupación de Electores Independientes y un concejal del PCE (Archivo Histórico Municipal de Ciudad Real, CR2, CR3, CR6). Por lo tanto, se encuentran presentes los mismos grupos que apreciamos en el anterior caso (ver Gráfico III) y donde la agrupación de independientes también está compuesta por antiguos elementos herederos del franquismo y situados ideológicamente en la "extrema derecha" (CR1, CR2, CR3, CR6).

Tabla II. Composición del Ayuntamiento de Ciudad Real en 1979-83.

Grupo municipal	Concejales
UCD	10
PSOE	8
PCE	1
Agrupación Electores Independientes	2
TOTAL	21

Fuente: Elaboración propia a partir de datos del Archivo Histórico Municipal de Ciudad Real.

La UCD es el partido que obtiene más votos y consigue superar la suma de concejales de PSOE y PCE que necesitaría para gobernar en solitario. Aunque disponía de mayoría simple, tampoco contaba con una mayoría absoluta debido a la fragmentación electoral. Si bien, las opciones de garantizar la gobernabilidad en este Ayuntamiento bajo el liderazgo del alcalde de UCD se situaban entre:

- Contar con la colaboración del grupo de extrema derecha formado por dos concejales, construyendo una coalición de gobierno. Con lo cual se evitaba la oposición de los socios de gobierno, puesto que ya sin la necesidad de formar esta coalición, la UCD superaba en número a los concejales de los dos partidos de izquierda.

- Ejercer una política de consenso basada en repartir las concejalías entre los diversos grupos políticos forzando la búsqueda del diálogo entre todos los partidos políticos.

- Ejercer un gobierno en solitario, sin repartir las concejalías. Lo cual haría depender a la UCD de pactos continuos, apoyándose puntualmente en los distintos grupos municipales para obtener la aprobación de sus actuacion.

La decisión que toma finalmente el partido gobernante pasa por la segunda opción. De esta forma, el alcalde de la UCD, Lorenzo Selas, hace partícipes de las delegaciones municipales a los distintos grupos políticos y crea las circunstancias necesarias para obligar al diálogo entre los distintos actores del gobierno local (CR1, CR2, CR3, CR4, CR5, CR6). Por tanto, la pregunta que surge es cuál es la razón que lleva a la UCD a elegir una política de colaboración, en lugar de un gobierno en solitario o en alianza con los dos concejales del grupo de electores independientes.

A partir del indicador "tipo de coordinación", se observa que la UCD tomó la decisión de efectuar un reparto de las concejalías entre los distintos partidos políticos que estaban representados (CR1, CR2, CR3, CR4, CR5, CR6). El objetivo básico de esta institución pasaría por garantizar la gobernabilidad del consistorio, evitando decisiones de "impasse" político que impidiesen sacar adelante las distintas propuestas del partido en el gobierno y fomentar la colaboración de los demás grupos. Se reproduce un intento de "free-riding", pues existió una iniciativa por parte de la Agrupación de Electores Independientes de pactar con el PSOE (CR1). En concreto, el grupo de independientes solicitaban la alcaldía a cambio de repartir el resto de concejalías con los socialdemócratas en este caso de regateo. Lo que evidentemente fracasó debido a las divergencias ideológicas entre ambos grupos. Por lo que, se reproducía una dinámica de diálogo multilateral entre los grupos implicados en la gestión municipal.

"En aquella corporación, todos los concejales de los distintos grupos municipales tenían asignadas concejalías y competencias locales. Por eso, yo no sólo despachaba con los concejales de mi grupo, sino también con los otros" (CR3).

"La UCD también aceptaba cosas que nosotros proponíamos como la creación de los servicios sociales y becas para libros y estudios" (CR4).

"Lorenzo Selas comprendía el Ayuntamiento no como una política de concentración, sino de colaboración y todos los concejales teníamos una delegación" (CR5).

De entrada, este dato señala uno de los elementos necesarios para que se produzca una "cooperación positiva", pero debemos analizar también si llegó a existir un acuerdo en la configuración de los temas de agenda entre los distintos participantes de la "política de consenso". Para empezar, debemos tener en cuenta los premios y castigos de la misma como una institución que obliga a la búsqueda del consenso a sus integrantes. Por un lado, el incentivo de los distintos grupos participantes y cada uno con competencias municipales reales y efectivas pasaba por convertirse en parte del equipo gestor. Por otro lado, en caso de que un grupo municipal intentase primar sus intereses partidistas por encima de la búsqueda de la cooperación, se ejercería un castigo basado en la marginación. Así, se observa en el caso de los grupos municipales del PCE y de la Agrupación de Electores Independientes que quedaron fuera del eje principal de colaboración, si bien, con una graduación distinta para cada uno de ellos (CR1, CR4, CR6).

Por su complejidad y por el papel ejercido por el alcalde, el consistorio de Ciudad Real presenta una serie dinámicas que impiden hablar de un juego político de izquierda-derecha o de una dinámica de gobierno-oposición. En primer lugar, se produce una colaboración intensa entre la UCD y el PSOE, teniendo en sus manos gran parte de la aprobación de las iniciativas planteadas (CR1, CR4). En segundo lugar, se mantiene activo en situaciones puntuales, el tradicional frente de izquierda entre PSOE y PCE para ejercer una oposición coyuntural más que permanente a las propuestas realizadas por parte de la UCD (CR3, CR4, CR5). Así, se observa como el concejal del PCE juega una posición difícil en el seno de la "política de cohesión". Por un lado, debe participar en el frente de izquierda junto a los socialistas y colaborar en la gobernabilidad del consistorio. Por otro lado, debe efectuar su función de oposición y en muchas ocasiones en solitario, ya que existía un eje UCD-PSOE. Sin embargo, el PCE sólo quedó marginado de la gestión en tanto tuvo que realizar su labor de oposición. Al contrario, los grandes castigados por la deslealtad fueron los miembros del grupo de independientes. Pese a disponer de sus respectivas delegaciones municipales y formando parte del gobierno, realizaron una oposición dura y crítica, llegando incluso a mostrarse partidarios del golpe de Estado del 23-F (CR1, CR3, CR4, CR5). Por lo que, fueron marginados por los otros tres grupos municipales al mostrarse contrarios a la "política de consenso" y a los mecanismos de coordinación positiva que había dispuesto la Unión de Centro Democrático.

Así, se observa como el eje de gobierno se establece entre UCD y PSOE, seguidos por el PCE que serían los principales participantes de la gestión municipal. Además, debemos señalar una serie de rasgos que se dieron por parte del liderazgo ejercido por el alcalde que favorecieron el desarrollo de la política municipal y la cooperación de las delegaciones en manos de los demás grupos políticos. Para empezar, existía una predisposición por parte del alcalde en asesorar y ayudar en los trabajos de aquellas delegaciones, aunque no estuviesen en manos de su partido (CR3, CR4, CR5). Asimismo, aunque se produjese esta colaboración por parte del alcalde en la colaboración con el conjunto de las delegaciones, se respetaba el margen de autonomía de los concejales en sus respectivas concejalías (CR1, CR5).

Si atendemos a las relaciones entre los grupos municipales y la sociedad civil, nos encontramos con una situación parecida a la experimentada en Cáceres. De partida, el tejido asociativo de Ciudad Real era pobre y casi inexistentes a comienzos de 1979 (CR1, CR2, CR3, CR5), a excepción de las hermandades cofrades y otros organizaciones vinculadas a la Iglesia Católica (CR4). Una vez se constituye el Ayuntamiento democrático, es el mismo gobierno local el que fomenta la creación de asociaciones de vecinos, peñas y otros colectivos con el objetivo de dinamizar la vida social de la ciudad (CR2, CR3, CR6). Para tal efecto, el consistorio crea una delegación destinada a fomentar la participación en los barrios. Estas asociaciones ciudadanas –de carácter vecinal y cultural- que sirven para canalizar las demandas ciudadanas, pero no se aprecia un corte partidista. A continuación, un actor destacado en la sociedad civil son los sindicatos de UGT y CC.OO. que ya estaban presentes durante los últimos años de la dictadura (CR1, CR4, CR5). Los cuales establecen relaciones principalmente con PSOE y PCE, pero a los que se les solicita cierta lealtad institucional en relación a la "política de consenso" que se establecía entre estos grupos municipales y la UCD (CR1, CR4). Al igual que en el municipio cacereño, se encuentran otros colectivos más informales. Estos colectivos se basaban en la movilización ciudadana para canalizar demandas coyunturales a la administración local como un conservatorio u otro tipo de infraestructura o servicio (CR2, CR3).

Por lo tanto, se cumplen los requisitos de un reparto de las competencias entre los participantes en la gestión municipal y el establecimiento de negociaciones multilaterales, principalmente entre UCD, PSOE y PCE. Por lo que, se reproduce una "coordinación positiva" dentro de la institución de la política de cohesión. Ahora bien, es necesario observar si la configuración de los temas de la agenda local es el resultado de estas relaciones de "bargainning" que se producen entre los actores políticos.

A partir del indicador "temas de agenda" se puede configurar el contenido de la agenda municipal de Ciudad Real. Entre los principales asuntos se encuentran el problema del abastecimiento de agua, la ordenación urbana junto con la extensión de los servicios públicos de saneamiento, alumbrado y pavimentado y la dinamización de la vida asociativa y cultural. En primer lugar, el problema del agua planteó el gran tema a resolver por la corporación debido a la falta de canalizaciones a muchas viviendas (CR1, CR2, CR3, CR5). Por lo que, la solución definitiva pasó por el uso de camiones cisterna en el corto plazo y la extensión del suministro a las casas y la ampliación de embalses en el medio plazo (CR3, CR5).

En concreto, se desprende de las entrevistas realizadas como UCD, PSOE e IU coincidían en qué era un objetivo a resolver, pero diferían en los métodos para su resolución (CR3, CR4). En segundo lugar, Ciudad Real era una ciudad en la que había carencias en materia de ordenación urbana, señalización de tráfico y pavimentado a finales de la dictadura. Así, el consistorio democrático acometió con una política de extensión de los servicios mínimos de acerado, pavimentación y abastecimiento eléctrico a los distintos barrios (CR2, CR3, CR5, CR6). En menor grado como hemos citado anteriormente, también se llevaron a cabo el fomento del asociacionismo y la recuperación de las fiestas populares de la ciudad (CR2, CR3, CR4).

Se puede observar cómo la agenda municipal de Ciudad Real es el resultado de la negociación entre los grupos de UCD, PSOE y PCE. De forma que, los entrevistados de los tres partidos coinciden al señalar siempre el agua como el principal problema del municipio (CR1, CR2, CR3, CR4, CR5, CR6). Además de que de la "coordinación positiva" que se ejerce va destinada a garantizar la gobernabilidad y para el final de la corporación se consigue solucionar gran parte de estos asuntos mediante la actuación de las distintas delegaciones.

8.2. Los municipios gobernados por élites procedentes de la oposición al régimen franquista:

a) Málaga:

La corporación malagueña representa un caso de municipio gobernado por élites procedentes de la clandestinidad. Si observamos su composición, se observa como los partidos más votados son PSOE y PCE (ver Gráfico IV), seguidos de la UCD y el PSA. Por lo que, nos encontramos ante una victoria clara de la izquierda en las elecciones municipales de 1979 en la ciudad de Málaga.

Tabla III. Composición del Ayuntamiento de Málaga en 1979-83.

Grupo municipal	Concejales
UCD	6
PSOE	11
PCE	7
PSA	4
TOTAL	28

Fuente: Elaboración propia a partir de datos del Archivo Municipal de Málaga.

El PSOE con un total de 11 concejales disponía de votos suficientes para gobernar con una mayoría simple, aunque no alcanzaba la mayoría absoluta por sí sólo. Lo que podía solucionar con la colaboración del PCE, sumando un total de 18 ediles y obteniendo una holgada mayoría absoluta. En el caso de la UCD ni el PSA existían posibilidades de que formasen una coalición o gobierno. En primer lugar, el grupo andalucista era un partido que no estaba dispuesto a hacer coalición con el centro-derecha, por su ideología regionalista y por proceder de la oposición (MA6). En segundo lugar, en caso de haber superado esa cuestión ideológica y haber llegado a un acuerdo, los votos agregados con los ucedistas no superaban la mayoría simple de los socialistas. Por lo que, la opción del PSA residía en ser socio del gobierno del PSOE, mientras que la UCD quedaba claramente en la oposición sin ninguna posibilidad de gobierno.

Las opciones que tenía el PSOE para formar gobierno bien podían ser las siguientes:

- Gobernar en mayoría simple, sin hacer coalición con ningún partido. Por lo que, dependería de apoyos puntuales con otras fuerzas como el PCE y el PSA. Lo que produciría un gobierno bastante inestable.

- Gobernar en coalición con el PCE o con el PSA, lo que les aportaría mayoría absoluta en cualquiera de ambas opciones, puesto que sumarían los 15 concejales necesarios para la misma. Si bien, el PSOE había pactado a nivel nacional con el PCE la formación de coaliciones en aquellos municipios donde fuera posible para evitar el gobierno de la derecha (MA2, MA3, MA4). Por lo que, esta alianza era la más lógica desde un punto de vista racional. En el caso de un gobierno coaligado sólo con el PSA hubiera incumplido con los pactos que mantenían socialistas y comunistas. A lo que hay que añadir que el PSA presentaba una estructura ideológica transversal donde aunaban posturas socialistas en cuanto al Estado de Bienestar y otras más liberales en cuanto a temas económicos (SE8, SE9).

- Gobernar en coalición con el PCE y el PSA. Lo que hubiera supuesto la formación de un tripartito en el seno de la corporación y habría habido que repartir más concejalías entre más participantes en el gobierno local. Desde la racionalidad institucional, la lógica de unión de estos tres partidos es que eran grupos que habían participado en la oposición al franquismo a lo largo de muchos años y se podían considerar fuerzas de la izquierda (MA2, MA3, MA4, MA6, SE8, SE9).

- Efectuar un reparto de las delegaciones entre los cuatro grupos participantes, permitiendo el establecimiento de relaciones multilaterales entre todos y forzando a una gestión conjunta.

Finalmente, el PSOE cumple con el acuerdo que la dirección nacional había pactado con el PCE. De forma que, se negocia entre ambos partidos el reparto de delegaciones municipales para la constitución de una coalición municipal encabezada por el socialista, Pedro Aparicio (MA1, MA2, MA3, MA4, MA6). Si bien, como explicaremos más adelante a mediados de la etapa de esta corporación municipal se produce una fractura debido a un desacuerdo de gobierno consistente en el nombramiento de un teniente de alcalde (MA2, MA3, MA4). Lo que se soluciona finalmente con el reparto de concejalías entre los cuatro grupos municipales a propuesta del alcalde y siendo coordinado con la dirección nacional socialista (MA2, MA3, MA4, MA6). Por tanto, esta corporación presenta cierta complejidad en cuanto a los tipos de coordinación que se producen durante la misma, habiendo una "coordinación negativa" en su primera etapa y una "coordinación positiva" en su segunda etapa.

En el indicador "tipo de coordinación", se observan las dos etapas que hemos citado anteriormente.

"Hubo consenso por parte de los grupos municipales, nueve de cada diez veces. Yo siempre decía que la administración de bomberos y de tráfico no puede dar lugar a grandes discrepancias" (MA2).

"Hubo un período en que el PCE y el PSOE sufrieron una ruptura en su pacto de gobierno y que temporalmente duró varios meses. Fue una situación desagradable en general. Esa ruptura se produjo por un desacuerdo por el nombramiento de un primer teniente de alcalde. Entre PCE y PSOE, había una relación no exenta de discrepancias" (MA3).

"Hubo consenso en los asuntos estrictamente municipales y hubo disenso en las cuestiones ideológicas planteadas a nivel nacional como fue la cuestión de la autonomía" (MA4).

En la primera etapa, la cual hemos clasificado como de "coordinación negativa" corresponde con los dos primeros años de gobierno del pacto entre PSOE y PCE. Este gobierno en coalición es resultado de los pactos existentes entre socialistas y comunistas en el ámbito nacional y que se trasladaban al ámbito local (MA2, MA3). Este acuerdo consistía en que ambos partidos formarían gobiernos de coalición en aquellas arenas electorales donde fuera posible para evitar el gobierno de los partidos de derecha, principalmente la UCD y AP. En el caso de Málaga, ambos partidos pactaron el reparto de las distintas delegaciones municipales entre ellos (MA1, MA3, MA6), dejando en la oposición al PSA y la UCD. Si bien, hay que adelantar que los andalucistas también mantenían otra serie de acuerdos en el ámbito autonómico con los socialistas, cuestión que veremos cuando pasemos a analizar el caso de Sevilla. De esta forma, las dinámicas que se producen en Málaga son las características entre gobierno y oposición (MA3, MA4, MA5).

La institución de la "coordinación negativa" tendría como objetivo garantizar la gobernabilidad desde los intereses partidistas de los grupos gobernantes y evitar el acceso al gobierno de los adversarios políticos. En caso de que no se cumpliese con dicha gobernabilidad, se produciría una ruptura de la coordinación negativa mantenida por PSOE y PCE y el castigo para sus integrantes sería la pérdida del consistorio. En cambio, los incentivos para mantener esa unión se basaban en la distribución racional e interesada de las delegaciones municipales más importantes entre ambos grupos. Por lo que, se hacía efectivo el "poder de chantaje" del socio de gobierno, en este caso el grupo municipal comunista, para reclamar una participación en la gestión local en igualdad de condiciones con los socialistas. En el seno de este tipo de coordinación que reproduce el Ayuntamiento de Málaga, las relaciones de negociación son bilaterales entre los dos grupos que forman parte del gobierno.

En la segunda etapa, se produce una fractura en el pacto entre PSOE y PCE debido al desacuerdo en el nombramiento de un teniente de alcalde (MA3, MA4). A partir de esta situación, se produce una moción de censura por parte de la UCD en la oposición y del PCE. En esta moción, el PCE ofrece a la UCD ostentar la alcaldía de la ciudad, pero la formación rechaza esta opción por suponer un alto riesgo para la gobernabiliad del municipio (MA4). Esta moción no prospera por la negativa de la UCD a asumir la alcaldía y por el de los andalucistas al alcalde socialista (MA3, MA4, MA6). Así, la "coordinación negativa" desaparece y el gobierno local de Málaga se mantiene en una situación de "impasse" político durante dos meses. A lo largo, de este período el alcalde Pedro Aparicio comunica a Felipe González que no está dispuesto a continuar con un gobierno en coalición con los comunistas (MA3, MA4). Por lo que, se observa la influencia de la dirección y de los pactos en los tipos de coordinación que se reproducen en el ámbito local. Finalmente, la dirección nacional del PSOE acepta las demandas del alcalde y se forma un nuevo gobierno donde tienen cabida los cuatro grupos municipales (MA4).

A partir de estos dos últimos años, el gobierno municipal de Málaga experimenta una "coordinación positiva", donde los portavoces de todos los grupos municipales son tenientes de alcalde y en los que cada grupo posee distintas delegaciones (MA1, MA2, MA3, MA4, MA5, MA6). Así, se reducen las dinámicas de gobierno-oposición, aunque seguirán presentes en el resto de vida de dicha corporación. Aquí se observa como la coordinación positiva tiene como objetivo garantizar la gobernabilidad en casos en los que de otra forma, sería difícil e improbable hacer gobernable un municipio dentro de las dinámicas de gobierno-oposición y la formación de las mayorías. Por su parte, cualquier grupo municipal que intentase evitar esta "política de consenso" puede ser castigado en caso de que reprodujese posturas demasiado ideologizadas. De hecho, se constata por parte de la opinión pública como los partidos anteriormente de la oposición que pasan a integrarse en esta búsqueda del consenso, reducen su carga ideológica (MA4, MA6). Así, el premio para aquellos grupos municipales que se integrasen adecuadamente en la "coordinación positiva" sería ser partícipes de la gestión local a cambio de reducir su carga ideológica, según muestra el municipio malacitano.

Si observamos los colectivos ciudadanos con los cuales, los distintos partidos políticos mantienen relaciones en el ámbito local, se encuentran unas relaciones estructuradas. En el caso, del PSOE y del PCE existen relaciones con los distintos colectivos de vecinos (MA1, MA4, MA5). Por un lado, los socialistas mantuvieron desde el primer momento un contacto continuado con las asociaciones de las distintas barriadas para configurar los principales temas de la agenda y las actuaciones a implementar. Por otro lado, el PCE había desarrollado una intensa labor de creación de colectivos vecinales en los distritos como grupos de seguidores (MA3). Al igual que en otras ciudades, los partidos de izquierda seguían vinculados a sus respectivos sindicatos, principalmente UGT y CC.OO. Sin embargo, se observa una especial relevancia de las agrupaciones ciudadanas frente a los grupos de representación sindical (MA1, MA3). Por su parte, la UCD se apoyó en organizaciones de tipo cultural e intelectual como el Liceo de Málaga (MA4). Mientras que, el grupo andalucista mantuvo como sus seguidores y también como fuente de reclutamiento político a determinadas peñas culturales y recreativas. Así, gran parte de la lista electoral que presentaba este grupo para las elecciones locales estaba compuesto por directivos de estos colectivos que eran ajenos a la estructura del partido (MA6).

En el caso de Málaga, es difícil observar si la agenda política es fruto de la coordinación negativa o de la coordinación positiva, o si más bien, ambas influyen igualmente en su configuración. Además, de determinar con exactitud si dicha agenda es fruto de un acuerdo o si es consecuencia de otro tipo de relaciones entre los grupos municipales. Observando los principales temas de la agenda de la primera corporación malacitana en democracia se encuentran la ordenación urbana, la actualización de los servicios sociales, la instalación de servicios públicos de saneamiento, pavimento y alumbrado, la dinamización cultural y la participación ciudadana (MA1, MA2, MA3, MA4, MA5, MA6). En lo referente al urbanismo, Málaga había sido una de las ciudades que más había padecido la gestión caótica e ineficaz del franquismo junto a otras como Gijón y Benidorm (MA1, MA2, MA4). Por lo que, se tuvo que elaborar un Plan General de Ordenación Urbana de gran calidad y envergadura, el cual fue premiado por el Ministerio de Fomento; y a la par, coordinar el desarrollo de servicios básicos en las nuevas barriadas tales como el agua, la limpieza y el alumbrado. Lo que se lleva a cabo mediante la creación de empresas públicas municipales para el agua y la limpieza de las calles. En segundo lugar, se renuevan los servicios sociales y determinadas instituciones que paulatinamente irán perdiendo competencias con la asunción de funciones sociales por parte de los entes autonómicos y los cambios constitucionales (MA1). En tercer lugar, el Ayuntamiento promueve la formación en materia de asociacionismo y participación en los distintos colectivos vecinales. Así, el caso de Málaga presenta un tejido asociativo consolidado, en parte por la acción de los colectivos políticos, previo a la formación de la corporación democrática. Por último, se lleva a cabo una actualización del funcionamiento interno del órgano municipal, adaptándolo a criterios de eficacia y una gestión más de corte empresarial (MA1, MA2, MA6).

En este sentido, se observa una influencia de la coordinación positiva en una agenda consensuada. Si bien, además de la influencia de las relaciones de negociación entre los grupos y la puesta en común de las delegaciones municipales, se constata como el liderazgo del alcalde juega un papel importante en la selección de los temas (MA1, MA2, MA3, MA4, MA6). Por lo que, no se puede tener en cuenta la coordinación positiva como la única variable que influya en una agenda consensuada de los temas del municipio.

b) Sevilla:

La corporación hispalense muestra el segundo caso de estudio donde se reproduce un gobierno local en manos de las élites de la clandestinidad. Si bien, presenta una mayor complejidad que el caso anterior debido a que se trata de un tripartito o dicho de otra forma, el gobierno de los dos principales partidos de la izquierda política –PSOE y PCE- y un grupo regionalista como es el PSA (ver Gráfico V).

Tabla IV. Composición del Ayuntamiento de Sevilla en 1979-83.

Grupo municipal	Concejales
UCD	9
PSOE	8
UCD	6
PSA	8
TOTAL	33

Fuente: Elaboración propia a partir de datos del Archivo Histórico de Sevilla.

La ciudad de Sevilla obtiene una representación mayoritaria del grupo ucedista para las elecciones locales de 1979. Sin embargo, no obtuvo suficientes concejales como para superar a la suma de socialistas y comunistas, además de que no contaba con ningún otro partido político que estuviese a pactar con el mismo como fue el caso de Cáceres o Ciudad Real. Por otro lado, el PSA presentaba una posición difícil, ya que en caso de que PSOE y PCE deseasen formar una coalición sin la participación del primero, se encontrarían con que UCD y PSA podían llegar a un acuerdo, debido a que sus concejales agregados superaban los 14 ediles que sumaban socialistas y comunistas. Por tanto, el PSA era por un lado un partido que se oponía a la dictadura franquista y que provenía de la clandestinidad, pero que ideológicamente era difícil ubicar en el eje izquierda-derecha para su posible alianza con PSOE y PCE. De esta forma, el PSA era un grupo que no podía ser ignorado ni por la UCD ni por PSOE ni PCE a la hora de formar el gobierno.

Las opciones que tenía el PSA para formar gobierno eran las siguientes:

- Gobernar en solitario no era una posibilidad de la que dispusieran los andalucistas, ya que la UCD les superaba en concejales y el PSOE les igualaba. Por lo que, no podían formar gobierno sin el apoyo del partido de centro-derecha o el bloque de izquierdas de comunistas y socialistas.

- Formar coalición con la UCD obteniendo mayoría absoluta de ambos partidos y superando a la oposición que representarían PSOE y PCE. Si bien, esta opción era posible debido a que el centro-derecha representaban un partido poco ideologizado y que agrupaba a una miríada de pequeños grupos políticos. Sin embargo, los andalucistas habrían sufrido esta alianza como una incoherencia de cara a su electorado.

- Formar un gobierno conjunto entre PSA, PSOE y PCE, creando así un tripartito y una coalición que agruparía a las principales fuerzas procedentes de la clandestinidad. Si bien, se trataría de grupos con ideologías diferenciadas y no en pocas ocasiones proclives al conflicto interno.

Finalmente, tras los intentos fallidos de obtener una coalición entre andalucistas y ucedistas, se reproduce la última opción debido a un acuerdo entre PSA, PSOE y PCE. Este acuerdo consistía en que el PSA formaría parte del gobierno del municipio sevillano y su cabeza de lista sería el alcalde, a cambio de que cediese el consistorio granadino que habían ganado los andalucistas (SE6, SE9) y de que se respetase el gobierno PSOE-PCE de la mayoría de las capitales de provincia andaluzas, a excepción de Córdoba que quedaba en manos de los comunistas (Rodríguez et al., 2009). Así, se creaba una dinámica tradicional entre gobierno y oposición local donde los primeros efectuaban un reparto de las concejalías entre ellos, pero ninguna quedaba en manos de la oposición (SE1, SE2, SE3, SE6, SE7, SE8).

"En general, el consenso se dio por las personas, pero no por el grupo político. En función del portavoz, fue así la capacidad de negociación de cada grupo municipal" (SE3).

"Yo creo, pese a la opinión de otros, que ese gobierno tripartito permitía equilibrar la situación. Una mesa se sostiene mejor con tres que con dos piernas. En lo que sí hubo disenso fue en el Polígono-Aeropuerto donde PSOE y PCE se oponían y el PSA que estaba a favor de esa ampliación se apoyó en la UCD" (SE6).

"Luis Uruñuela podría haber sido un gran alcalde para Sevilla, pero estuvo maniatado por sus propios coaligados. Cuando Uruñuela salía de Sevilla para resolver algún asunto fuera, el teniente de alcalde del PSOE se ponía a dictar decretos sin conocimiento del alcalde" (SE4).

En este caso, nos encontramos de entrada con una "coordinación negativa" cuando observamos el indicador "tipo de coordinación". Si bien, es preciso ir punto por punto para explicar las características que tenía este gobierno municipal gestionado por tres partidos políticos y con una identidad política claramente diferenciada. No se produjo una puesta en común de las delegaciones por parte del tripartito hacia la UCD ni tampoco se produjo una participación activa de la misma en la gestión local.

En primer lugar, la coordinación negativa como institución tiene como objetivo garantizar la gobernabilidad, especialmente en este consistorio donde era necesario incorporar a los andalucistas como socios de gobierno antes que mantenerlos en la oposición (SE2, SE3, SE4, SE6, SE8). En caso de que hubiese discrepancias en el gobierno debido a una gestión ideologizada, lo que se produciría sería un castigo de los miembros integrantes de dicha coordinación (SE1, SE3, SE4, SE6). De hecho, se constatan considerables desavenencias entre socialistas y andalucistas, ya que en algunas ocasiones los primeros aprovechaban la ausencia del alcalde para dictar reglamentos y otros edictos municipales sin la consulta previa con el mismo (SE3, SE4). Asimismo, se observa como hubo desacuerdos entre los grupos y se formaron frentes que rompían con los esquemas que habían asentado la relación entre gobierno y oposición (SE4, SE6). Al respecto, PSA y UCD por un lado y PSOE y PCE crearon frentes comunes en políticas concretas como el Polígono Aeropuerto y el asunto referente a los centros de planificación familiar. Por lo tanto, la misma coordinación negativa demuestra un funcionamiento fallido en el municipio hispalense, lo que se saldará más tarde con una considerable pérdida de concejales por parte de los andalucistas (Rodríguez et al., 2009).

En cuanto a las relaciones entre los grupos municipales y los colectivos de la sociedad civil, se observan dinámicas propias de un municipio del tamaño y la complejidad de Sevilla. PSOE y PCE además de mantener sus tradicionales lazos con los sindicatos como UGT y CC.OO., habían tejido una intensa colaboración con otros tipos de asociaciones (SE1, SE4, SE7). Cabe destacar el apoyo prestado por las asociaciones de padres de alumnos en los centros educativos, las asociaciones de vecinos de entre cuyos dirigentes se nutrió especialmente el grupo comunista y por último, los colectivos de protección del patrimonio y promoción cultural (SE1, SE2, SE3, SE4). En cuanto a la UCD, se observa como contó con el apoyo especialmente de los empresarios, los colegios profesionales y las hermandades religiosas (SE2, SE4). Sin embargo, no se observan colectivos o una red de seguidores consolidada en lo que respecta al grupo andalucista, a excepción de algunos colectivos vecinales (SE8, SE9).

Entre los principales temas que tuvo que resolver el Ayuntamiento de Sevilla, cabe citar la ordenación urbana del municipio unido a la protección y recuperación del patrimonio, el saneamiento de las cuentas municipales, el incremento de las zonas verdes y la ampliación de la ciudad a través de Sevilla Este (SE1, SE2, SE5, SE6, SE7, SE8, SE9). En primer lugar, el consistorio hispalense realizó una profunda labor en detener la demolición del casco antiguo y en la ordenación del planeamiento urbano a través del PRICA (Programa de Reforma Integral del Casco Antiguo). Lo que fue posible gracias a la colaboración entre los grupos municipales debido a la presencia de arquitectos en cada uno de ellos (SE1, SE2, SE5, SE6). Lo que fue unido a una política de peatonalización que se desarrollaría en el largo plazo. Si bien, debido a las dificultades en las negociaciones el PGOU de la ciudad no empezaría a ejecutarse hasta la siguiente corporación (SE4). En segundo lugar, la mayoría de los ayuntamientos venidos del franquismo cargaban con una considerable deuda, pero en el caso hispalense la situación era más difícil aún. Por lo que, fue necesario la petición de más recursos y la negociación de dicha deuda por parte del alcalde con el nivel central (SE8, SE9). Por último, es interesante observar como la polémica del Polígono Aeropuerto creó dos frentes que rompían con el tripartito, así PSA y UCD se manifestaban a favor de esta ampliación de la ciudad y PSOE y PCE se oponían al mismo (SE5, SE6, SE8). Por lo que, la agenda local no se puede considerar como consensuada, sino más bien es el resultado de las tensiones que se reproducen en un caso de coordinación negativa fallida.

8.3. Comparación de los distintos tipos de coordinación analizados:

La presente investigación plantea una serie de preguntas en torno a la configuración de los "issues" de la agenda local y el tipo de relaciones que se producen entre los grupos municipales y de los mismos con los agentes de la sociedad. Para empezar, queríamos conocer si los grupos municipales se relacionaban con actores sociales cercanos a sus posiciones partidistas, o si por el contrario, basaban sus apoyos en colectivos con independencia de la política partidita.

En primer lugar, cuando observamos las relaciones entre los grupos municipales y los agentes de la sociedad civil, es decir, entre lo que serían las élites y sus seguidores (Natera, 1999) comprobamos como estos lazos son manifiestamente partidistas. Se mantiene una constante en las cuatro ciudades en las élites procedentes de la oposición al régimen con un apoyo principalmente de los sindicatos, asociaciones de vecinos y determinados colectivos del ámbito sociocultural. Mientras tanto, los grupos de derecha y procedentes del franquismo obtienen unos apoyos variables de un municipio a otro. En el caso de Ciudad Real y Cáceres, la UCD carece de una red de seguidores consolidada y más bien dispersa entre el tejido social, centrada especialmente en los colectivos religiosos. En aquellas ciudades donde la derecha no gobierna, Málaga y Sevilla, gozaba del apoyo de asociaciones lúdicas, redes informales de intelectuales y técnicos y de asociaciones religiosas vinculadas a la Iglesia Católica.

La interpretación de estas diferencias arroja unos datos interesantes sobre los apoyos que gozaba la élite local en la sociedad civil. La izquierda había trabajado sus apoyos en la sociedad como parte de su estrategia de oposición al franquismo. Así, el PSOE y especialmente el PCE habían creado asociaciones y colectivos vecinales y habían ocupado posiciones en los sindicatos que servían como apoyo partidista y fuentes de producción de demandas políticas. Si bien, estos apoyos son mayores en las ciudades de Málaga y Sevilla, no tanto porque la izquierda gobernase allí, sino porque eran municipios con una mayor población y por tanto, tenían un tejido asociativo más heterogéneo y numeroso que los pequeños municipios del interior como Cáceres y Ciudad Real. En estas ciudades, PSOE y PCE tenían una estructura más cercana al partido de masas que se dirigía especialmente a las clases populares y obrera (Ware, 1996). Mientras que, en Málaga y Sevilla con una mayor heterogeneidad social, los partidos de izquierda, sobre todo los socialistas, habían abierto su red de seguidores de forma que se acercaban más a una estructura de "catch-all-party" (Kirchheimer, 1980). Partidos que intentaban alcanzar a todos aquellos sectores de la sociedad que independientemente de su posición en la estructura social fuesen contrarios al régimen y partidarios de la democracia.

En el caso de la UCD, gozaba de un escaso apoyo social en los municipios como Cáceres y Ciudad Real. Lo que se debía en gran parte al reducido tejido asociativo de estas dos ciudades en las que gobernaba y a que sus escasos apoyos se encontraban en asociaciones de carácter religioso. De hecho, los mismos gobiernos locales del centro-derecha tuvieron que impulsar el desarrollo del asociacionismo en colaboración con los otros grupos municipales. Sin embargo, al observar las relaciones que mantenía la UCD en ciudades como Málaga y Sevilla, se observa una diferencia apreciable. En la primera, la UCD se apoyó especialmente en determinadas asociaciones lúdicas y de carácter intelectual y en la segunda, se observa un apoyo de las asociaciones de empresarios y los colegios profesionales. Por lo tanto, la UCD presentaba un partido centrado en determinados sectores de la sociedad, especialmente en las clases media y alta compuestas por profesionales liberales, empresarios y funcionarios públicos. De esta forma, sostenemos que la UCD en las cuatro ciudades presentaba una estructura similar a la de los antiguos partidos de notables, siendo en algunas ocasiones sus candidatos elegidos de entre estos mismos grupos de apoyo (Ware, 1996). Por lo que, se trataría de un partido con un interés eminentemente electoral y una vida política menos intensa en los períodos entre una y otra elección.

En cuanto a los datos que disponemos del PSA, se observa un funcionamiento similar al de la UCD. En Málaga, su red principal de apoyo fueron distintas peñas y colectivos culturales que previamente establecieron pactos con el partido en cuanto a reclutamiento y disciplina de voto y en Sevilla, un reducido club social fundado durante la dictadura bajo el liderazgo de Uruñuela y Rojas Marcos. Por lo tanto, podemos sostener que la lógica de los andalucistas para estas fechas se acercaba a la propia de un grupo de notables. De hecho, un elemento en común entre el PSA y UCD además de acercarse a este tipo de partidos era que ambos manifestaban cierta desideologización en sus posturas partidistas que en muchas ocasiones no estaban bien definidas.

Estas formas de interrelación entre grupos municipales y colectivos sociales, es decir, entre élite local y redes de seguidores, tendría su origen en los últimos años del franquismo. Lo que explicaría que mayoritariamente fuesen relaciones eminentemente partidistas, y no se observasen otras relaciones con independencia de la identidad o la simpatía política. Además, sólo el PSOE presentaba una estructura bien definida y organizada presentándose como un partido de masas y anticipando su evolución hacia un "catch-all-party". Por lo que, el resto de formaciones en sus relaciones se asemejarían a fórmulas más primitivas, anteriores a la II Guerra Mundial, como los grupos de notables y los partidos de masas (Kirchheimer, 1980).

Asimismo, las relaciones que se establecen entre élite política y actores de la sociedad civil no quedan encuadradas en arenas departamentales. Dicho de otra forma, el papel de agentes como los sindicatos o las asociaciones lúdicas no se restringía respectivamente a la arena de economía y de cultura. Al contrario, un mismo actor era partícipe en la arena por ejemplo urbanística y también en la de servicios municipales, como fue el caso de las asociaciones de vecinos. Por tanto, no se produce el bargaining ni el encuadramiento en arenas políticas sectoriales según los planteamientos del neopluralismo (Richardson y Jordan, 1977).

En segundo lugar, procedemos a analizar los tipos de coordinación que se producen en el entorno local entre las élites. El trabajo empírico desarrollado permite exponer con más detenimiento la pregunta que realizábamos en torno al tipo de coordinación que se produce en un municipio y si en caso, de que fuese positiva, se produce una configuración consensuada de los temas de la agenda local.

Los tipos de coordinación que se reproducen en cada uno de los municipios analizados demuestran de forma empírica hasta qué punto se produce la hipótesis que sosteníamos inicialmente (ver Gráfico VI). Al respecto, partíamos de que una coordinación positiva, entendida la misma como la puesta en común de las labores del gobierno local entre los distintos actores implicados (grupos municipales) y las relaciones entre los mismos son de carácter multilateral sin que se produzca la marginación de ningún grupo (Scharpf, 1994), daría como resultado una agenda consensuada. Lo que además se apoyaba en la consideración y el especial interés de la "política de consenso" como una institución propia de la Transición que se reprodujo en el nivel central del gobierno (Estefanía, 2007; Gunther, 1985 y 1996; Gunther et al., 2004; Linz, 1997; Maravall, 1982; Santamaría y Maravall, 1985) y la cual hemos observado en el nivel local. En cambio, no nos hemos pronunciado sobre qué relación de causalidad se produce en caso de que la coordinación fuese negativa y la agenda local resultante. Aunque, el trabajo desarrollado permite alumbrar algunos datos sobre esta situación.

Tabla V. Tipos de coordinación y configuración de la agenda.

Municipio	Coordinación	Agenda
Cáceres	Positiva	Consensuada
Ciudad Real	Positiva	Consensuada
Málaga	Negativa/Positiva	No consensuada/Consensuada
Sevilla	Negativa	No consensuada

Fuente: Elaboración propia.

La coordinación positiva se produce mayoritariamente en los dos municipios gobernados por las élites procedentes del régimen franquista y por tanto, la derecha política. Si bien, el caso de Málaga, gobernada por el PSOE ilustra como esta fórmula de negociación también fue adoptada por la izquierda política. Así, la misma "política de consenso" y el "bargaining" que se produce entre socialdemócratas y ucedistas en el gobierno de la nación, también se traslada al ámbito local (Gunther, 1985 y 1986; Gunther et al., 2004). Si bien, eso no implica que este fenómeno de coordinación positiva fuese exclusivo de aquellos lugares donde gobernase UCD, o que estuviese presente en todos los gobiernos locales. No obstante, si surge una pregunta al respecto. ¿Por qué la UCD siendo un partido cuyos integrantes habían sido antiguos miembros del franquismo y en no pocas ocasiones de Falange decidió poner en común las tareas de gobierno con los grupos de la oposición? Por un lado, la UCD mantuvo una estrategia de negociaciones orientada hacia la búsqueda del consenso y el control de la acción política. De forma que, aquellos municipios en los que gobernaba ofrecía la posibilidad de conceder delegaciones a los grupos de la oposición para que actuasen como un contrapeso, o dicho de otra forma, como una coordinación tendente a la búsqueda de la legalidad y el respeto del juego democrático. Por otro lado, la puesta en común de las tareas de gobierno y el hacer partícipes a los grupos de la oposición disminuía el riesgo de sufrir una oposición demasiado crítica y dura que pudiese poner en peligro la gobernabilidad del municipio. De esta forma, la coordinación positiva o política de consenso, se conformaba como una negociación que garantizaba la gobernabilidad y castigaba a aquellos grupos políticos que fuesen demasiado radicales y no cediesen en sus posturas partidistas para el bien común de la ciudadanía. Además, en Ciudad Real y Cáceres, el uso de la coordinación positiva permitió en no pocas ocasiones romper con el tradicional frente común de PSOE y PCE a la hora de aprobar o rechazar una propuesta municipal.

¿Cómo demostramos que la coordinación positiva o política de consenso era una institución y tenía como objetivo garantizar la gobernabilidad? Al respecto, el caso de Málaga permite responder a este interrogante. Cuando la alianza entre PSOE y PCE se rompe en el ayuntamiento malacitano se produce una situación de "impasse" a la que la élite local y en acuerdo con la nacional, decide hacer partícipes en la gestión de las delegaciones al resto de grupos municipales. De esta forma, se sustituye la institución de la coalición de gobierno (coordinación negativa) por una política de consenso (coordinación positiva) similar a la que había usado la UCD en Cáceres y Ciudad Real. Además, esta institución se crea para obtener la gobernabilidad en un momento de crisis política entre los grupos que ostentaban el gobierno de la ciudad. Por lo que, es una institución con un fin determinado y que se crea "ex novo" para solucionar un problema de "free-riding" que se estaba produciendo en la coalición entre socialistas y comunistas, cumpliéndose así los planteamientos del neoinstitucionalismo de la elección racional (Peters, 2005).

En el caso de la corporación hispalense, se observa como la coordinación negativa produjo una agenda no consensuada. Así, pese a que en el gobierno lo compusiese un tripartito entre PSA, PSOE y PCE, ello no evitó que hubiese fenómenos de free-riding entre los socios de gobierno. Ni tampoco evitó que se creasen dos frentes comunes que rompía con la supuesta colaboración de estos grupos municipales a la hora de aprobar determinadas políticas y actuaciones. Por un lado, PSA y UCD y por otro, PSOE y PCE, manteniéndose estos frentes constantes a lo largo de la legislatura.

Este caso puede ser calificado como una excepción en comparación con el resto, al ilustrar una coordinación negativa y una agenda que no era fruto de la negociación. Al no existir otro similar, es difícil responder a interrogantes sobre si una negociación negativa puede dar lugar a una agenda consensuada o si siempre produce una agenda no consensuada. Lo que sí podemos afirmar es que la coordinación negativa puede producir una agenda no consensuada y una situación de ingobernabilidad en el municipio. Mientras que en la totalidad de los casos estudiados, la coordinación positiva ha dado como resultado una gestión consensuada de la agenda y ha servido para mantener la gobernabilidad. Un dato, este último, que se apoya en el ejemplo de Málaga que recurre a la participación de todos los grupos municipales en las tareas de gobierno ante una crisis política entre los socios de gobierno, PSOE y PCE. De forma que, la coordinación positiva aparece como una alternativa ante los fallos de la negativa en el mantenimiento de la gobernabilidad, la prevalencia del interés municipal y el resultado de una agenda consensuada del gobierno local.

9. CONCLUSIONES: LA COORDINACIÓN POSITIVA COMO UNA INSTITUCIÓN GOBERNABLE

Al inicio de la presente investigación, nos preguntábamos cuál era la negociación que se producía entre la élite local durante los años de la Transición, en concreto, durante las primeras corporaciones democráticas que van desde 1979 hasta 1983. Al respecto, considerábamos que esta época del proceso político español se ha caracterizado por lo que algunos han llamado como "política de consenso" (Bernecker y Maihold, 2007; Boguslawa, 1999; Colomer, 1995; Estefanía, 2007; Gunther et al., 2004; Gunther, 1985 y 1986; Maravall, 1982). Partiendo de los postulados de Scharpf (1994) definimos dos tipos de coordinaciones para estudiar las relaciones entre la élite municipal. Por un lado, una primera coordinación positiva en caso de que las relaciones entre los grupos municipales fuesen multilaterales y participasen en el común de los asuntos de un determinado ayuntamiento. Por otro lado, una segunda, donde las competencias municipales eran gestionadas por el partido o coalición que ostentase el gobierno, excluyendo a la oposición y produciéndose relaciones bilaterales entre los grupos socios de gobierno.

Siguiendo esta lógica, hemos comparado cuatro ciudades en las que se observa como esta "política de consenso" o "coordinación positiva" funcionó –aunque no tenemos datos para saber si fue la tendencia mayoritaria- como una institución destinada a garantizar la gobernabilidad, el cumplimiento de la ley y en especial, el consenso de la agenda pública. Se demuestra que su función iba dirigida a la gobernabilidad por el caso de Málaga, donde hemos observado como la participación conjunta de todos los partidos en la política municipal permitió salvar la crisis de gobierno que se produjo entre socialistas y comunistas en mitad de la legislatura. De esta forma y en cada una de los municipios en los que se implementó –Cáceres, Ciudad Real y Málaga- se observa una agenda de temas claramente definidos y en la mayoría de las ocasiones consensuados y orientados hacia los intereses municipales. Aunque, en la formación de la agenda también influyen otros aspectos (Bouza, 2012; Lindbloom y Woodhouse, 1993) tales como las demandas ciudadanas, los medios de comunicación y los problemas estructurales (la deuda de los municipios, la implementación de servicios básicos que el franquismo no había ejecutado, etc.), es después la élite en el seno de la institución la responsable de procesar y seleccionar los "issues" que formarán parte de la agenda municipal (Easton, 1994).

Este mecanismo de coordinación, la de la "política de consenso" contiene una serie de incentivos positivos y negativos para obtener su finalidad última. En primer lugar, incentiva a que el partido en el gobierno incluya a la oposición en la gestión a cambio de que esta segunda no desarrolle una dinámica gobierno-oposición radical y destructiva, que bien pudiera servir de cualquier cosa, menos de control del gobierno. A su vez, la oposición se beneficia de participar en el gobierno y ejercer su plan de gobierno. Se espera que los participantes en esta institución sean propicios al diálogo y al regateo de forma que cediendo posiciones mutuamente lleguen a un acuerdo. En segundo lugar, si las posiciones son demasiado radicales, una de las partes es incapaz de ceder o se cometen actuaciones ilegales que vayan en contra de la coordinación se acabará castigando al infractor. Así, se puede observar como el primer alcalde de Cáceres tuvo que dimitir debido a un caso de corrupción o como en Ciudad Real, los miembros de la agrupación electoral fueron castigados con la marginación ante sus muestras de deslealtad institucional. De esta forma, ciudades como las de Cáceres, Ciudad Real y Málaga obtuvieron una agenda consensuada, fruto de las aportaciones y las negociaciones de los grupos municipales que participaron en las mismas.

En algunos de estos casos, surge la pregunta de por qué un grupo municipal que obtiene la mayoría necesaria para gobernar opta por repartir las delegaciones municipales con los grupos de la oposición. ¿Por qué se hace partícipe del gobierno local al adversario político cuando se dispone de una mayoría holgada para aprobar la mayor parte de las actuaciones? Este interrogante es el que plantea especialmente el municipio de Ciudad Real. Se pueden aventurar -a la luz de los datos empíricos- algunos factores que se que expliquen por qué el grupo de la UCD optó por la política del consenso. En primer lugar, evitar una dinámica de gobierno-oposición que podría haber acabado en la crispación, ante la imposibilidad de la oposición para evitar cualquier decisión planteada por la UCD. En segundo lugar, aumentar la legitimidad del ayuntamiento democrático en un momento en que no existía una experiencia democrática previa y en el que, al fin y a la postre, se estaba produciendo un tránsito de un régimen autoritario a uno democrático. En tercer lugar, extrapolar al ámbito local una práctica que la UCD había desarrollado en el Congreso de los Diputados que era negociar con el grupo más votado de la oposición -en aquellas arenas políticas en las que había obtenido la victoria electoral- una posición de control o hacerla formar parte de la gestión. En cuarto lugar, y derivado de las anteriores causas, garantizar el cumplimiento de la ley, la gobernabilidad local y la primacía de los intereses municipales frente a los partidistas. Lo que se puede observar perfectamente a través del caso de Málaga en donde un partido distinto a la UCD escoge este tipo de coordinación para evitar la ingobernabilidad del ayuntamiento.

Sin embargo, la "coordinación negativa" no puede ser vista como un tipo indeseable de gestión, sino que es un tipo de negociación que aunque también se dirige hacia la gobernabilidad, tiene unos métodos bien distintos. Sevilla ilustra perfectamente como una dinámica de coordinación negativa, con unas tendencias claras entre gobierno-oposición no sólo dificultó su gobernabilidad, sino que incluso entre el mismo tripartito que formaba el gobierno existían casos de "freeriding" que hacía difícil en ocasiones que primasen los intereses municipales por encima de los partidistas. Y es que, ciertamente en estos casos de relaciones bilaterales no ya sólo entre gobierno-oposición, sino entre los frentes que se crean (PSA-UCD, PSOE-PSE) demuestran como la "coordinación negativa" busca la gobernabilidad, pero contiene altas dosis de riesgo en tanto que se busca el rédito electoral. De forma que, la gestión hispalense se vio perjudicada por unas concejalías que funcionaban principalmente bajo las directrices del partido que las ostentase.

Al observar distintas agendas según el tipo de coordinación que se diese, podemos afirmar que la configuración de temas variaba de una ciudad a otra según si la política era de consenso o una dinámica gobierno-oposición. En los tres casos que se produce una coordinación positiva se vislumbra una agenda consensuada. Lo que podemos afirmar con firmeza. En cambio, hay una agenda no pactada en el caso de la coordinación negativa. Esto último no quiere decir que una coordinación negativa produzca necesariamente una agenda no consensuada o no sea capaz de alcanzar el consenso, ya que hablamos de un único caso concreto. Y es que, estamos ante un Small-N, donde es difícil extrapolar estas conclusiones más allá del ámbito de la misma muestra.

Por último, afirmamos que la "política de consenso" que estuvo presente en la política nacional, también se reprodujo en el ámbito local por distintos motivos. Probablemente, el que más influjo tuviese fue la práctica de la UCD de ejecutar este estilo de política en aquellas arenas donde ostentaba el gobierno. No obstante, esto no quiere decir que fuese la tendencia dominante o mayoritaria, sino que era una alternativa frente a otras como la coordinación negativa. Más tarde, la "política de consenso" desaparecería coincidiendo con la caída de la UCD a principios de la década de los ochenta y se impondría como única opción la "política de la crispación" (Bernecker y Maihold, 2007). Si bien, ¿por qué se pierde esta práctica entre la élite local de los municipios y en el resto de los niveles de gobierno? Probablemente, el análisis de las prácticas de otros partidos o la conversión de la mayoría de los partidos en estructuras "catch-all-party" (Kirchheimer, 1980) pueda responder a esta duda en futuras investigaciones.

BIBLIOGRAFÍA:

- Acemoglu, D. y Robinson, J. A. (2006). Economic Origins of Dictatorship and Democracy. Nueva York: Cambridge University Press.

- Alfieri, V.A. (1975): Tratado da Tirania. Lisboa: Futura.

- Almond, G. and Verba, S. (1963). The Civic Culture. Princeton: Princeton University Press.

- Anduiza, E., Crespo, I. y Méndez, M. (1999). Metodología de la Ciencia Política. Madrid: Centro de Investigaciones Sociológicas.

- Arcas, F. et al. (2004). Tiempo de cambio: historia y memoria de la transición en Málaga. Málaga: Fundación Unicaja.

- Amézquita-Quintana, C. (2008). Los campos político y jurídico en perspectiva comparada. Una aproximación desde la propuesta de Bourdieu. Universitas Humanística, 65: 89-115.

- Ayuntamiento de Cáceres (1983). Gestión de un ayuntamiento democrático: Cáceres (1979-1983). Cáceres: Ayuntamiento de Cáceres.

- Barroso, J. D. (1989). "O procceso de democatizaçao", en Baptista, M. ed. Portugal, o sistema político e constitucional (1974-87). Lisboa: Universidade de Lisboa: 39-70.

- Beltrán, M. (1977). La élite burocrática española. Barcelona: Ariel.

- Bernecker, W.L. y Maihold. G. (2007). España: del consenso a la polarización. Madrid: Iberoamericana.

- Boguslawa, D. O. (1999). "Las élites parlamentarias en Polonia y en España en la transición democrática", Investigaciones históricas, 19: 259-276.

- Bouza, F. (2012). "Las agendas en el nivel local", Más poder local, n° 13: 45.

- Brooker, P. (2000): Non-democratic regimes: Theory, government and politics. Londres: MacMillan Press.

- Brownlee, J. (2011). "Portents of pluralism: How hybrid regimes affect democratic transitions", American Journal of Political Sciences, 5(3): 515-532.

- Capoccia, G. & Zibblat, D. (2010): "The historical turn in democratization Studies: A new research aggenda for Europe and beyond", Comparative political Studies, 43: 931-968.

- Coller, X. (2008). "El sesgo social de las élites políticas: el caso de la España de las autonomías (1980-2005)". Revista de estudios políticos, 141: 135-159.

- Colomer, J. (2011). "Los autoritarismos", en M. Caminal (ed.), Manual de Ciencia Política. Barcelona: Ariel.

- Colomer, J. (1995). Game Theory and the Transition to Democracy. Aldershot (U.K.): Edward Elgar.

- Colomer, J. (1994). "Teorías de la transición", Revista de Estudios Políticos, 86: 243-254.

- Corbetta, P. (2007). Metodología y técnicas de investigación social. Madrid: McGraw-Hill.

- Costa, A. y Freire, A. (2003). "Élites, sociedade e mudanza política". Oeiras: Celta Editora.

- Cuenca, J.M. (1984). La Andalucía de la transición (1975-1984): política y cultura. Madrid: Mezquita.

- Dahl, R. A. (2010). ¿Quién gobierna? Democracia y poder en una ciudad estadounidense. Madrid: CIS.

- Dahl, R. A. (2002). La democracia económica: una aproximación. Barcelona: Hacer.

- Dahl, R. A. (1961). Who governs? Democracy and power in a American City. New Haven: Universidad de Yale.

- De los Santos, J.M. (2002). Andalucía en la transición (1976-1982). Sevilla: Centro de Estudios Andaluces.

- Delgado, I. (1997). El comportamiento electoral municipal español, 1979-1995. Madrid: Siglo XXI.

- Della Porta, D. (2008). "Comparative analysis: case-oriented versus cased-oriented-research", en Della Porta, D. y Keating, M. (eds), Approaches and Methodologies in the Social Sciences: a pluralist perspective, Cambridge: Cambridge University Press, pp. 198-223.

- Downs, A. (1957). "An Economic Theory of Political Action in Democracy", Journal of Political Economy, 2: 135-150.

- Easton, D. (1994). Esquema para el análisis político. Buenos Aires: Amorrortu.

- Ebbinghaus, B. (2005). "When Less is More. Selection Problems in Large-N and Small-N Cross-National Comparisons", International Sociology, June 2005, Vol 20(2): 133–152.

- Estefanía, J. (2007). La larga marcha. Barcelona: Editorial Península.

- Fernández, J.M. (1998). Educación, socialización y legitimación política: (España 1931-1970). Valencia: Tirant lo Blanch.

- García, C. R. (1999). Franquismo y transición en Málaga, 1962-1979. Málaga: Universidad de Málaga.

- George, A. and Bennet, A. (2005). Case Studies and Theory Development. Mit Press.

- González, J. C. (2005). "Notas sobre la idea de Capital Político". En Juan Montabes et al. (eds.), Libro Homenaje a D. José Cazorla Pérez. Estructuras y procesos sociales. Madrid: Centro de Investigaciones Sociológicas.

- Graham, H. y Labanyi, J. (1995). Spanish cultural studies. Nueva York: Oxford.

- Gunther, R., Montero, J.R. and Botella, J. (2004). Democracy in Modern Spain. New Haven: Yalebooks.

- Gunther, R. (1996). Spanish Public Policy: from Dictatorship to Democracy. Madrid: Instituto Juan March.

- Gunther, R. (1985). "Constitutional change in contemporary Spain", en R.G. Banting y R. Simeon (eds.), Redesigning the State: The politics at Constitutional Change in Industrial Nations. London: Macmillan: 42-70.

- Hall, P. and Taylor, R.C.R. (1996). "Political Science and the Three New Institutionalism", Political Studies, nº 44, pp. 937-957.

- Jaime, A. (2005). Elecciones y poder político en Andalucía: 1982-2004. Sevilla: Centro de Estudios Andaluces.

- Jerez, M. (2008). "Las élites en la obra de Juan J. Linz". Revista de estudios políticos, 139, 143-166.

- Jerez, M. (1996). El régimen de Franco: élite política central y redes clientelares (1938-1957). en A. Robles (ed.), Política en penumbra: patronazgo y clientelismo políticos en la España contemporánea. Madrid: Siglo XXI.

- Jeréz, M. (1985). "Una experiencia de partido regional: el caso del Partido Socialista de Andalucía, Partido Andaluz", REIS, 30: 201-244.

- Jiménez, J. F. (2009). "El liderazgo político de Felipe González en contexto", Sociedad y utopía, nº 33.

- Jiménez, J. F. (2008). "Enfoque sociológico para el estudio del liderazgo político". Barataria: revista castellano-manchega de ciencias sociales, 9: 189-203.

- Kircheimmer, O. (1980). "El camino hacia el partido de todo el mundo", en Lenk, Kurt y Neumann (eds.), Teoría Y sociología críticas de los partidos políticos. Barcelona: Anagrama.

- Lasswell, H. (1999). The analysis of political behaviour. London: Routledge.

- Lindblom, C. and Woodhouse, E. (1993). The policy-making process. New Jersey: Prentice Hall.

- Linz, J. J. (1997). "El liderazgo innovador en la transición a la democracia y en una nueva democracia". En M. Redero et al. (eds.), Política y gobierno en España. Valencia: Tirant lo Blanch.

- Linz, J. J. (1990). "Transiciones a la democracia". Reis: Revista española de investigaciones científicas, 51: 7-34.

- Linz, J. J. (1981). Informe sociológico sobre el cambio político en España, 1975-1981. Madrid: Fundación Foessa.

- López, R. (1981). "El estado de la opinión pública española y la transición a la democracia", en REIS: Revista española de investigaciones sociológicas, 13: 7-48.

- McLennan, G. (1989). Marxism, Pluralism and Beyond. Cambridge: Polity.

- McQuail, D. (2000). Introducción a la teoría de la comunicación de masas. Barcelona: Paidós.

- Mahoney, J. and Telen, K. (2010). "Introduction" In: Mahoney, J and Telen, K. (eds.): Explaining Institutional Change: Ambiguity, Agency and Power. Cambridge: Cambridg University Press, pp. 1-38.

- Máiz, R. (2001). Teoría normativa y análisis empírico de la democracia en Robert Dahl. En R. Máiz (ed.), Teorías políticas contemporáneas. Valencia: Editorial Tirant lo Blanch.

- Maravall, J. M. (1982). La política de la transición. Madrid: Taurus.

- March, J. and Olsen, J. (1984). "The new Institutionalism: Organizational Factor in Political Life", American Political Science Review 78, n°3, pp. 734-49.

- Marques, A. (1993). Quem governa? Uma Ánalise Histórico-Política do Tema da Elite. Lisboa: Instituto de Ciencias Sociais e Politicas.

- Márquez, G. M. (2010). "Gobernabilidad local en España". Política y sociedad, 47, 3: 37-66.

- Márquez, G. (2008). "Comunidades autónomas y entidades locales: estrategias multinivel en la formación de gobierno", en Pallarés, F. (ed.), Elecciones autonómicas y locales 2007. Madrid: Centro de Investigaciones Sociológicas.

- Márquez, G. (1993). "La transición local en Galicia: Continuidad de las élites políticas del franquismo y renovación de los gobiernos locales". Revista de estudios políticos, 80: 39-120.

- Márquez, G. (1992). Movilidad política y lealtad partidista en Andalucía: 1973-1981. Madrid: CIS.

- Márquez, G. (1981). Almería en la transición: elecciones y sistema de partidos (1976-1980). Almería: Guillermo Manuel Márquez.

- Mattoso, J. (1994). Historia de Portugal vol. VIII: Portugal en transe. Lisboa: Circulo de Leitores.

- Mills, C.W. (1957). La élite del poder. Madrid: Fondo de Cultura Económica de España.

- Morlino, L. (1988). "Los autoritarismos", en G. Pasquino (ed.), Manual de Ciencia Política. Madrid: Alianza.

- Natera, A. (1999). Percepciones y estilos de liderazgo local en la España democrática. Madrid: Universidad Complutense de Madrid.

- Nogueira, F. (1995). Salazar, vol. VI: o último combate. Porto: Livreria Civilizaçao Editora.

- Nouschi, M. (1996). Historia del siglo XX. Madrid: Cátedra.

- Ochoa, O. (1996). Liderazgo político y élites del poder: modelo de análisis de la integración líder-élites y aplicación de casos. Barcelona: Universitat Autònoma de Barcelona.

- Panebianco, A. (2009). Modelos de partido: organización y poder en los partidos políticos. Madrid, Alianza.

- Peters, G. (2005). "Rational Choice Theory and Institutional Theory", en Guy Peters (ed.), Institutional theory in political science: the "new institutionalism". New York: Continuum.

- Parry, G. (1969). Political Elites. Norfolk: Lowe and Brydone.

- Payne, S.(2008). España, una historia única. Madrid: Temas de Hoy.

- Putnam, R.; Leonardi, R. and Nanetti, R. (1992). Making democracy work: civic traditions in modern Italy. Princeton: Princenton Hall.

- Richardson, J. y Jordan, G. (1979). Governing under pressure. Oxford: Martin Robertson.

- Robles, A. (1996). Política en penumbra: patronazgo y clientelismo políticos en la España contemporánea. Madrid: Siglo XXI.

- Rodríguez, R.; Vicente, M. y Montero, E.B. (2009): Ayuntamiento de Sevilla (1979-1983). la historia de ocho elecciones municipales. Sevilla: Ayuntamiento de Sevilla.

- Ruiz, M.A. (1996). El Sindicato Español Universitario (SEU), 1939-1965: la socialización política de la juventud universitaria en el franquismo. Madrid: Siglo XXI de España.

- Rustow, D. A. (1970). "Transitions to democracy: Howard a dinamyc model", Comparative Politics, 2(3), 337-363.

- Sartori, G. (2005). Partidos y sistemas de partidos. Madrid: Alianza.

- Sartori, G. y Morlino, L. (1999). La comparación en las Ciencias Sociales. Madrid: Alianza.

- Santamaría, J. y Maravall, J.A. (1985). "Crisis del franquismo: transición política y consolidación de la democracia en España", Sistema: revista de ciencias sociales, nº 68-69, 79-130.

- Scharpf, F. W. (1994). "Games real actor Could play: positive and negative coordination in embedded negotiations", Journal of Theoretical Politics, 6, 27-53.

- Scharpf. F. W. (1988). "The Joint-decision Trap: lessons from German Federalism and European Integration", Public Administration, 66, 239-278.

- Share, D. (1987). "Transitions to democracy and transitions through transactions", Comparative Political Studies, vol. 19, 4.

- Sierra, R. (2008). Técnicas de investigación social: teoría y ejercicios. Madrid: Thomson.

- Subirats, J. y Gomá, R. (1998). Políticas públicas en España: contenidos, redes de actores y niveles de gobierno. Barcelona: Ariel.

- Tussel, J. y Soto, A. (1996). Historia de la transición, 1975-1986. Madrid: Alianza Editorial.

- Uriarte, E. (1997). "El análisis de las élites políticas en las democracias". Revista de estudios políticos, 97: 249-275.

- Van Evera, S. (2002). "Criterios de selección de casos", en Guía para estudiantes de ciencia política. Métodos y recursos. Barcelona, Gedisa.

- Ware, A. (1998). "Robert Dahl, Political Scientist", en Government and opposition, 3.

- Ware, A. (1996). Partidos políticos y sistemas de partidos. Madrid: Istmo.

AGRADECIMIENTOS:

Las élites locales y en concreto su papel durante los primeros años de la democracia española representa un tema sobre el que poco se ha trabajado y se ha escrito. El interés por un objeto de estudio tan poco accesible, críptico y muchas veces esquivo a su investigación desde la Ciencia Política no es una tarea sencilla, más bien ardua, paciente y exigente para el investigador.

La dedicada y disciplinada dirección de mi tutor, Salvador Parrado de la Universidad Nacional de Educación a Distancia, y las recomendaciones realizadas por algunos expertos como Antonio Natera de la Universidad Carlos III, Guillermo Manuel Márquez de la Universidad de Santiago de Compostela y José Francisco Jiménez de la Universidad Pablo de Olavide han permitido dar forma a los interrogantes, el enfoque y la metodología en los que debía basarme para estudiar a este actor político, los concejales de la primera corporación democrática después de tres décadas de aquel momento político e histórico.

Cuando te planteas la realización de varias decenas de entrevistas a concejales de cuatro ciudades españolas distintas, después de treinta años te encuentras ante una auténtica odisea. La recopilación de este material empírico no sólo cuenta con el posible miedo o temor de algunos concejales que bien pueden expresar su rechazo a la participación en un "proyecto de investigación". Además, la muerte de algunos de estas personas, el padecimiento de alguna enfermedad o la dificultad de ejercitar la memoria son límites que juegan en contra del investigador. Pese a todo ello, la predisposición de buenas personas –entre ellos ex concejales e intelectuales- y el interés mutuo de rescatar estos datos y esa información para que no caigan en el olvido sirven de puente y argamasa para sortear cualquier adversidad, porque en España muchas veces parte de nuestra realidad política y social cae en el olvido.

Por eso, quisiera mencionar a continuación a todas aquellas personas que han hecho posible que este trabajo científico haya llegado a buen puerto. Siguiendo el orden de esta aventura, quiero expresar mi agradecimiento al personal del Archivo Histórico Municipal de Cáceres, Archivo Histórico Municipal de Ciudad Real, del Archivo Municipal de Málaga y del Archivo Histórico de Sevilla por aportarme la composición de la corporación municipal de cada una de esas ciudades.

A continuación, quisiera destacar a aquellas personas e instituciones que fueron fundamentales en la realización de las entrevistas por su colaboración en facilitarme el contacto con otros entrevistados y su especial dedicación. En Málaga como punto de partida, manifiesto mi especial agradecimiento a Pedro Aparicio, Francisco Flores, Andrés García, Andrés Lozano, PSOE e IU. En mi segunda ciudad, Sevilla, estoy en deuda con Ana Rivero y Eloy del PSOE, Javier Queraltó, Miguel Sánchez, Luis Uruñuela, Manuel del Valle y José Manuel Cervera; así como con mi compañera del máster, Ana López, quien me prestó un auténtico "vademecum" del Ayuntamiento de Sevilla. En la tercera ciudad, Ciudad Real, estoy profundamente agradecido con la atención y el servicio prestado por el Profesor de Historia Contemporánea de la UCLM, Juan Sisinio; y el alcalde de la corporación estudiada, Lorenzo Selas, quienes proporcionaron una información abundante sobre un ayuntamiento que bien sirviera de ejemplo para muchos otros de la actualidad. También debo agradecer la labor de IU-Ciudad Real y de

José Antonio García, actualmente diputado por IU, a quién tuve que entrevistar en Madrid para completar el papel del PCE en Ciudad Real, coincidiendo con mi traslado al Centro de Investigaciones Sociológicas. Por último, la ciudad de Cáceres que era el último hito de mi recorrido supuso todo un reto. Afortunadamente, la colaboración del Director del Departamento de Investigación del CIS, Juan Ignacio Martínez; los Profesores de Historia de la UCLM, Juan Sisinio; y de la UEX, Julián Chaves, permitieron contactar con los entrevistados de este municipio.

Como les he dicho muchas veces a todas estas personas y a todos mis entrevistados, sin su colaboración, sin su predisposición y su atención mi proyecto de Trabajo Fin de Máster y el análisis de la élite local en un momento duro y difícil como la Transición Española no habría sido posible.

A todos aquellos concejales que no quisieron responder a la entrevista, que bien me respondieron con evasivas poco humanas y a veces despectivas o a los que aún sigo esperando su llamada, me reservaré de nombrarles para que su reputación y su buena imagen no sean perturbadas por la osadía de un joven politólogo y académico. Si bien, les digo que el ejercicio de un cargo público conlleva una responsabilidad para con la ciudadanía y la Ciencia Política. Por lo que, esa actitud altiva, esquiva y secretista ("esotérica" en el sentido griego de la palabra) sólo hace daño a la política y los políticos, abriendo una crisis en su valoración por parte de la opinión pública como se observan en los últimos barómetros del CIS. Y más aún, hace daño a todos aquellos políticos y políticas que más allá de consignas de partido son personas con una gran calidad humana, lo que algunos de ellos me han demostrado durante el desarrollo de este trabajo de campo. A todos ellos me debo.

Finalmente, me gustaría agradecer la paciencia de mis padres, de Anabel y de mis amigos que aprendieron que alguien llamado "Trabajo Fin de Máster" o "Tesina" como me gusta llamarle, me quitaba un buen tiempo del que antes le dedicaba a ellos. A vosotros gracias por vuestra comprensión.

ANEXO I: GUIÓN DE LA ENTREVISTA SEMIESTRUCTURADA

Presentación personal y explicación de la entrevista: Tengo el objetivo de desarrollar un estudio sobre la labor de los miembros de la corporación local de la ciudad de *Ciudad a citar* durante el período de mil novecientos setenta y nueve a mil novecientos ochenta y tres, coincidiendo con la primera legislatura de ayuntamientos democráticos. Este trabajo de investigación se enmarca en mi proyecto de tesina y tiene como objetivo conocer los cambios que se producen en las corporaciones locales tras la transición política. El interés reside en conocer cuál fue la labor de los concejales, la elaboración de la agenda política y las relaciones entre los grupos municipales durante lo que podríamos denominar la primera experiencia democrática en el ámbito local. En este caso, usted fue concejal durante esos años. Me gustaría realizar una serie de preguntas sobre su labor y su trabajo como parte del Ayuntamiento de la ciudad

Las siguientes baterías de preguntas corresponden a un dato de interés de la entrevista. No es necesario emplearlas todas ni leerlas literalmente, sino ir usándolas conforme se desarrolle la entrevista para facilitar la confianza del entrevistado y la aportación de la respuesta correspondiente.

Entradas y preguntas:

0) (*Pregunta introductoria*): Cuénteme cuál fue el hecho que más marcó su trayectoria política durante este período.

1) (*Reclutamiento*): ¿Por qué decidió usted ser concejal por esta opción política? ¿Cuándo y por qué inició su militancia en este partido político?

2) (*Experiencia de ser concejal*): Dígame, ¿Qué le reportó en lo personal y en lo profesional el ser concejal/alcalde de su ayuntamiento? ¿Qué fue lo que más valoró de este momento de su vida? ¿Y cuáles fueron las desventajas o lo que menos le gustó de ser concejal? ¿Cómo cambió su vida cuando terminó su mandato?

3) (*Socialización política*): ¿Cuáles son sus opiniones sobre la política? ¿Ha participado en algún colectivo, asociación o movimiento social? ¿Ha sido miembro de algún colegio o corporación profesional?

4) (*Temas de agenda*): Cuénteme, ¿cuáles fueron las principales políticas y actuaciones que acometió el ayuntamiento durante su mandato? Cíteme al menos unas tres. ¿Quién planteó la necesidad de acometer estas políticas: partido, asociación, persona, etc.? ¿Qué grupos municipales dieron su visto bueno a la actuación? ¿Cuáles no y cuáles se abstuvieron?

5) (*Tipo de coordinación de los grupos municipales*): A grandes rasgos, ¿considera que hubo consenso en la política municipal por parte de algunos grupos municipales? Y si no, ¿existió consenso en alguna actuación determinada? ¿Por qué? ¿Qué asociaciones y colectivos ciudadanos participaron en las principales políticas municipales que ustedes apoyaron? ¿y en las de los otros partidos? ¿Qué personas y colectivos ciudadanos destacaría durante su etapa como concejal?

6) (*Datos sociodemográficos*): ¿Cómo fue su infancia? ¿Me puede hablar de su hogar y del colegio en el que estudió? ¿Era importante la religión en su familia? ¿Cuál es su formación, ya sea en la universidad o en el campo profesional? ¿A que profesión o sector profesional pertenece (profesionales liberales, docente, oficial, etc.)?

ANEXO II: LISTADO DE ALCALDES Y CONCEJALES ENTREVISTADOS DE LA CORPORACIÓN LOCAL (1979-83)

Cód.	Nombre	Partido	Cargo	Ciudad	Fecha	Lugar
MA1	Francisco Flores	PSOE	Concejal	Málaga	19/11/2012	Hotel Maestranza, Málaga
MA2	Pedro Aparicio	PSOE	Alcalde	Málaga	13/12/2012	Escuela Técnica de Ingeniería Informática, UMA
MA3	Andrés Lozano	PCE	Concejal	Málaga	17/12/2012	Facultad de Ciencias de la Educación, UMA
MA4	Andrés García	UCD	Concejal	Málaga	18/12/2012	Cámara de Comercio de Málaga
MA5	Pilar Oriente	PSOE	Concejal	Málaga	18/12/2012	Subdelegación de Gobierno de la Junta de Andalucía, Málaga
MA6	Pedro García	PSA	Concejal	Málaga	18/1/2013	Hogar de Pedro García, Málaga
SE1	Fermín	PSOE	Concejal	Sevilla	15/1/2013	Plaza Nueva,

	Caballero					Sevilla
SE2	Guillermo Gutiérrez	PSOE	Concejal	Sevilla	15/1/2013	Plaza Nueva, Sevilla
SE3	Miguel Sánchez	UCD	Concejal	Sevilla	15/1/2013	Cafetería José Luis, Plaza de Cuba, Sevilla
SE4	Manuel del Valle	PSOE	Concejal	Sevilla	15/1/2013	Bufete de Abogados Nervión, Sevilla
SE5	Javier Queraltó	PSOE	Concejal	Sevilla	16/1/2013	Hogar de Javier Queraltó, Sevilla
SE6	José Manuel Cervera	PCE	Concejal	Sevilla	16/1/2013	Hotel NH Plaza de Armas, Sevilla
SE7	Francisco Rodríguez	PSOE	Concejal	Sevilla	16/1/2013	Hotel NH Plaza de Armas, Sevilla
SE8	Vicente Sanz	PSA	Concejal	Sevilla	25/1/2013	Plaza Nueva, Sevilla
SE9	Luis Uruñuela	PSA	Alcalde	Sevilla	5/3/2013	On-line (*)
CR1	Domingo Luis Sánchez	PSOE	Concejal	Ciudad Real	28/1/2013	Cafetería El Ventero, Plaza Mayor de Ciudad Real
CR2	Francisco	UCD	Concejal	Ciudad	29/1/2013	Cafetería el

	Javier Naharro			Real		Torreón, Avenida del Torreón, Ciudad Real
CR3	Lorenzo Selas	UCD	Alcalde	Ciudad Real	29/1/2013	Cafetería Hotel Alfonso X, Ciudad Real
CR4	Antonio Sánchez	PSOE	Concejal	Ciudad Real	30/1/2013	Hotel NH Ciudad Real
CR5	José Antonio García	PCE	Concejal	Ciudad Real	7/2/2013	Oficina del Grupo Parlamentario Izquierda Plural (IU) en el Congreso de los Diputados, Madrid
CR6	Escolástico González	UCD	Concejal	Ciudad Real	13/2/2013	Dirección de RENFE, Madrid
CA1	José Luis Torres	PSOE	Concejal	Cáceres	2/3/2012	Cafetería El Puchero, Plaza Mayor, Cáceres
CA2	Carlos Latas	PCE	Concejal	Cáceres	2/3/2012	Hotel AHC, Cáceres
CA3	Miguel Ángel Rubio	PSOE	Concejal	Cáceres	2/3/2012	Cafetería El Puchero, Plaza Mayor, Cáceres

CA4	Felipe Romero Morcillo	UCD	Concejal	Cáceres	5/3/2012	On-line (*)

(*) Estas entrevistas fueron realizadas on-line, explicándole previamente a los entrevistados el objeto de estudio del Trabajo Fin de Máster e indicándoles las instrucciones necesarias para responder adecuadamente a las mismas. Entre los motivos que impidieron su realización presencial se encuentran la falta de tiempo en la agenda de los entrevistados y las dificultades económicas del desplazamiento y alojamiento que ya de por sí se han sobrellevado para acometer con el resto de las mismas.

ANEXO III: PROTOCOLO DE CODIFICACIÓN

Las partes sobre la composición y socialización de la élite local son las siguientes:

- Composición:
  - Reclutamiento de los concejales:
    - Ideología del sujeto.
    - Participación y militancia en el partido y/o sindicato.
    - Motivos que le llevaron a militar.
    - Motivos que le llevaron a ser candidato.
  - Experiencia de ser concejal:
    - Valoración positiva de su vida política.
    - Valoración negativa de su vida política.
    - Percepción subjetiva de los cambios que produjo en su vida.
    - Conciliación entre vida política, profesional y familiar.
    - Habilidades y capacidades adquiridas en su vida política.
- Socialización:
  - Datos sociodemográficos:
    - Familia.
    - Infancia y juventud.
    - Clase social autopercibida.
    - Educación.
    - Formación profesional.
    - Profesión y carrera.

- *Socialización política:*
  - Valoración de la política y los políticos.
  - Participación en asociaciones de la sociedad civil, culturales, deportivas y/o religiosas.
  - Participación en corporaciones y colegios profesionales.

Las partes referentes a la negociación de los grupos municipales y la agenda local son las siguientes:

- Negociación de los grupos municipales:
  - *Tipos de coordinación:*
    - El grupo municipal en el gobierno comparte delegaciones con la oposición.
    - Oposición de los partidos al gobierno municipal.
    - Negociaciones bilaterales entre los grupos municipales.
    - Negociaciones multilaterales entre los grupos municipales.
    - Consenso o disenso entre gobierno y oposición local.
    - Comisiones municipales.
    - Colectivos que apoyaron o rechazaron las políticas municipales de un partido.
- Agenda local:
  - *Temas de agenda:*
    - Urbanismo.
    - Hacienda local.
    - Personal del ayuntamiento.

- Cultura y educación.

- Turismo.

- Deporte.

- Medio ambiente.

- Servicios públicos: agua y alumbrado.

- Juventud.

- Servicios sociales.

- Servicios operativos.

- Tráfico

- Transporte urbano.

- Limpieza.

- Parques y jardines.

- Gestión del anterior ayuntamiento franquista.

- Descripción del municipio.